Im Lauf der Jahrhunderte hat man immer wieder die Kriterien und Konzeptionen des Schönen in Frage gestellt, seine Definition unterlag einem fortwährenden Wandel. Doch hat man dabei auch jene in der Sprache verankerte Vorbedingung bedacht, nämlich überhaupt „das Schöne“ sagen zu können? Als Angelpunkt unserer Metaphysik lehrt uns das Schöne, die Vielfalt des Sinnlichen zugunsten der Einheitlichkeit einer „Idee“ aufzugeben. Das Schöne bestürzt und bewegt uns, indem es als Absolutes ins Sichtbare einbricht; zugleich ist es der letzte Erlösungsweg, der uns nach dem Tod der Götter noch bleibt. Das chinesische Denken freilich hat nie „das Schöne“ abstrahiert und isoliert. In der Herausarbeitung dieses Unterschiedes sucht François Jullien Möglichkeiten freizulegen, die sich nicht dem Monopol des Schönen unterordnen; der zeitgenössischen Kunst, im Krieg mit dem Schönen befindlich, neue und fruchtbare Wege zu eröffnen. Das Schöne wird von erschöpfenden Gemeinplätzen befreit: um es in seiner Fremdartigkeit wiederherzustellen.

François Jullien, geboren 1951, lehrt an der Universität Paris VII klassische chinesische Philosophie und Ästhetik, ist Direktor des UFR (Langues et Civilisations de l'Asie Orientale) und war Präsident des Collège International de Philosophie.

DIE FREMDARTIGE IDEE DES SCHÖNEN

PASSAGEN FORUM

François Jullien
Die fremdartige Idee des Schönen

Aus dem Französischen
von Christian Leitner

Herausgegeben von Peter Engelmann

Passagen Verlag

Deutsche Erstausgabe
Titel der Originalausgabe: *Cette étrange idée du beau*
Aus dem Französischen von Christian Leitner

Cet ouvrage a été réalisé grâce au soutien de l'Université Paris Diderot – Paris 7. Cet ouvrage, publié dans le cadre du Programme d'Aide à la Publication (P.A.P.) MUSIL, bénéficie du soutien du Ministère français des Affaires Etrangères et de l'Ambassade de France en Autriche.

Die deutsche Bibliothek verzeichnet diese Publikation in der Deutschen Nationalbibliografie; detaillierte bibliografische Daten sind im Internet über http://dnb.d-nb.de abrufbar.

ISBN 978-3-7092-0050-6

http://www.passagen.at
Grafisches Konzept: Gregor Eichinger
Satz: Passagen Verlag Ges. m. b. H., Wien
Druck: Ferdinand Berger & Söhne GmbH, 3580 Horn

Inhalt

Für Liliana Albertazzi, Hüterin der Avantgarden

Es gibt nichts Verdächtigeres als die Behaglichkeit, mit der man über das Schöne verhandelt hat.

Mir graut vor dem Geschwätz, das durch sie begünstigt wird, indem sie sogleich jedes Hinterfragen zum Schweigen bringt – ein solches betrifft allenfalls das ewige Problem der Definition des Schönen, ohne dass jemals die vorauszusetzende Frage gestellt würde: War es angebracht, die Wertschätzung des wahrgenommenen Objekts unter diesem hegemonial gewordenen, ja zum Absoluten erhobenen Terminus – „das Schöne" – zu isolieren? War es nicht bereits voreilig, ein solches „Objekt" (des Schönen) zu setzen? Und entsprach dies nicht zuerst den Notwendigkeiten unserer Metaphysik? Aber das Schöne hat nichtsdestoweniger über der europäischen Kultur gethront, ohne dass man die Befangenheiten erkundet hätte, auf die es sich stützte. Die Moderne hat gegen das Schöne revoltiert, ohne jene nennenswert zu erhellen.

Das „Schöne" versteht sich also nicht von selbst. Doch wie kann man die Fragen aus einer angemessenen Distanz stellen, um ein solches Maß an Konformismus ins Wanken zu bringen?

Im Zeitalter unserer klassischen Vernunft konnte man sich ohne Mühe vorstellen, einen christlichen Philosophen und sein chinesisches *alter ego* miteinander diskutieren zu lassen. Ein naiver Gedanke vielleicht, denn in welcher Sprache hätte man sie sprechen lassen sollen, ohne dass der Austausch sogleich auf das Gebiet der einen oder der anderen kippte? Damals hielt man die Sprache für transparent und neutral, ohne zu ahnen, dass wir in ihren Verwerfungen zu denken beginnen.

Es wird folglich notwendig sein, dass wir dazwischen gehen, um die Bedingungen für ein Aufeinandertreffen zwischen ihnen einzurichten; und dass wir, anstatt den Begriff frontal dekonstruieren zu wollen, ihn umkreisen, ihn immer wieder auf Umwegen attackieren, dabei ein ums andere Mal zurückprallen, sodass schrittweise, über den eröffneten Abstand hinweg, der Sockel des von uns Ungedachten sichtbar wird.

Denn den Weg über China zu nehmen bedeutet nicht etwa, einen exotistischen Juckreiz zu befriedigen, sondern – indem man durch Rückzug an Boden gewinnt – die Frage mit größerer Radikalität zu betrachten, oder vielmehr eine Frage eben dort aufkommen zu lassen, wo keine erkennbar gewesen war. Das „Schöne" wird in der Folge beginnen, aus seiner Banalität herauszusteigen; ja sogar eine faszinierende Fremdheit freizulegen.

Es gibt einen weiteren Dialog, den ich hier hätte entwickeln wollen: nicht nur mit China, sondern mit der zeitgenössischen Kunst. Ruft auf diesen Seiten nicht alles dazu auf? Zumindest einige erste Elemente dafür werden gegeben, werden als Steine in Warteposition gesetzt. Denn die Künstler, nicht die Philosophen, sind die ersten Abenteurer, oder sagen wir, die Pioniere des Denkens. Die Philosophie, das weiß man, steht immer spät auf.

I. Schön, das Schöne

Gehen wir also vom Nächstliegenden aus, dicht an der Sprache, von den Ausdrucksmitteln der Sprache, die das Denken vorbestimmen. Was geschieht, wenn wir vom einen zum anderen übergehen, vom Adjektiv zum Substantiv: von „schön" zum „Schönen"? „Schön" (als Adjektiv) hat ein breites Spektrum, es lässt uns zwischen diesen Möglichkeiten umherwandern. Einerseits, im engeren Sinn, dient es dazu zu sagen, was man als angenehm für Gehör oder Gesichtssinn erkennt, was also einen Genuss in der Wahrnehmung hervorruft; doch andererseits, in einem weniger begrenzten oder selektiven Sinn, was ein viel allgemeineres, ungeteiltes Gefühl der Bewunderung oder Zufriedenheit empfinden lässt: was schicklich, vollendet, gelungen ist. „Eine schöne Frau" sagt die Sprache, aber auch „ein schöner Zug", im Französischen spricht man von einer *„belle santé"* (einer „schönen Gesundheit") und einer *„belle affaire"* (einer „schönen Geschichte")... *Bella cosa far niente.* Der Zug oder die Geschichte sind nicht eigentlich „schön". Wenn man zum Substantiv übergeht, wird dagegen die engere Bedeutung des Schönen isoliert und erhält ausschließlichen Charakter: Das Schöne (die Schönheit) ist *die Eigenheit* dessen, was schön ist. Aus der Verschwommenheit des Schicklichen wird, allein durch den Artikel, eine Bedeutung hervorgehoben und isoliert, die man „ästhetisch" nennen kann. Die Schönheit eines Gesichts, einer Landschaft, eines Gemäldes.

Das gilt schon für das Griechische – denn was ließe sich nicht darauf zurückzuführen? „Von schönem Wuchs", sagt Homer, *kalos to sôma*. Doch liest man bei ihm auch, dass ein „schöner Hafen" (*kalos limen*) ein gut gelegener Hafen oder ein „schöner Wind" (*kalos anemos*) ein günstiger Wind ist. Odysseus irrt lange Zeit auf der Suche nach diesen zwei Dingen umher, um heimkehren zu können.

„Schön" heißt hier, was in der Welt als Ressource dient und sich zur Verwendung anbietet, was der Situation dienlich ist und was man nutzen kann, ohne dass der eine oder der andere Sinn – Gehör oder Gesichtssinn – es als selbstlosen Selbstzweck von der dinglichen Funktionalität loslöste. Ohne dass diese ihn zur Musik erheben, könnte es der Wind in den Segeln oder in der Landschaft sein: Nausikaa am Strand, oder der Gesang der Sirenen. „Das Schöne" (*to kalon*) hingegen bezeichnet ausschließlich das, was, vom Nutzen losgelöst und diese Abhängigkeiten durchbrechend, für eine spezifische Eigenschaft gehalten wird – ob es sich nun um moralische oder um physische Schönheit handelt. Wie zu erwarten substantialisiert (essentialisiert) das Substantiv. Aus der semantischen Weite alles Angeeigneten trifft es seine Auslese und behält nur das bei, was Gegenstand eines reinen und klar definierten Genusses ist. Das Schöne ist damit bereits als eigenständiges Verlangen, als eine Berufung des Menschen etabliert – wir sind auf unserem Weg…

Wie ergeht es ihm aber nun in anderen Sprachen? Ist dort eine derartige semantische Selektion bekannt, die von der Morphologie ganz allein bewirkt wird? Betrachten wir das Chinesische. Was wir heute aus dem Chinesischen als „schön" (*mei* 美) übersetzen, oszilliert gleichmäßig zwischen beiden Aspekten. Einerseits eine offene Bedeutung – jene der Vortrefflichkeit und der Genugtuung, wie sie sich in jeder Erfahrung feststellen lassen: die Fülle eines Vermögens, einer Fähigkeit ist „schön" (*mei*); und auch „eine Nachbarschaft ist schön, wenn dort das Gefühl der Menschlichkeit herrscht" (*Gespräche des Konfuzius*, IV, 1). Andererseits erklärt Konfuzius die Musikstile von Wu und Shao als „vollkommen schön" (*mei*), wobei der eine zugleich „vollkommen gut" ist, der andere hingegen nicht; oder er nennt ein Auge „schön" (*mei*), in dem das Weiße und das Schwarze klar getrennt sind und einen Kontrast bilden. Aber nun ist es eben so, dass die chinesische Sprache an und für sich keine morphologische Unterscheidung zwischen Adjektiv und Substantiv kennt; sie sagt nicht „das Schöne" (oder die Schönheit): das Schöne als Begriff und die Schönheit als Eigenschaft. Sie isoliert vom Wort „schön" (*mei*) keine rein ästhetische Bedeutung, die das Denken in der Folge hypostasieren könnte. Und auch nur aufgrund eines Imports aus dem Okzident kam es dazu, dass man am Ende des

19. Jahrhunderts, in China wie in Japan, „Ästhetik“ – „Kallistik“ sagte man im 18. Jahrhundert auch in Europa – als „Studium des Schönen“ (*mei-xue* im Chinesischen, *bi-gaku* im Japanischen) übersetzen musste.

Was lässt sich daraus – bereits jetzt – Entscheidendes ableiten?

II. Vom Schönen: Philosophische Übungen

Denn was macht Platon beim Errichten seines philosophischen Systems in Summe anderes, als eben jenen Rohstoff zu nutzen, den ihm die griechische Sprache zur Verfügung stellt? Als zu lernen, von einem schönen Gegenstand zum Schönen als solchem überzugehen? Dies ist gerade die Eingangstür der Philosophie, die zu durchschreiten der Gesprächspartner des Sokrates in seinem Dialog über das Schöne (*Hippias maior*) Mühe hat, weil er lange braucht, um diesen Unterschied zu erkennen. Philosophische Übungen für Anfänger: Ich frage dich nicht, was „schön ist", sondern *was* „das Schöne" ist (*ti esti* to *kalon*). Lerne, vom Adjektiv zum Substantiv überzugehen – anders gesagt, von der Benennung einer Eigenschaft zum Wesen, vom Konkreten zum Abstrakten, von den Einzelfällen zur Allgemeinheit: nicht länger zu benennen, sondern zu definieren. Man sollte meinen, dass es sich um einen einfache Explizierung handelt, doch der Schritt, der hier getan wird, ist entscheidend, oder vielmehr ergibt sich alles andere aus ihm – es gibt keine Umkehr mehr, ein Zurückgehen ist unmöglich: Wenn Gegenstände als schön beurteilt werden, heißt das, dass *es* „das Schöne" *gibt*, das sie schön macht. Im Substantiv „das Schöne" ist „schön" auf nichts anderes mehr bezogen, sondern zieht sich in das zurück, was zu seiner Substanz wird; es setzt seiner endlosen Verstreuung über die Gegenstände ein Ende, um sich als Subjekt zu behaupten. Das Schöne ist folglich nicht länger eine „schöne Jungfrau" (eine schöne Stute, eine schöne Leier, ein schöner Kessel), sondern ist dieses „in sich" – *auto* – das sich all dieser Vielfalt hinzufügt und, von ihr ablösbar, die einzige Ursache für ihre Eigenschaft ist. Von „schön" zu „das Schöne": Die (europäische) Philosophie ist aus diesem hinzugefügten Artikel geboren und entwickelt sich im Rahmen dieser Verschiebung.

Wenn man von „schön" das Schöne ablöst, wird damit ein wichtiger Anstoß gegeben, der es erlaubt, dass das Denken nicht länger von einer Okkurrenz zur nächsten wandert wie die Biene auf Nektarsuche, dicht über den Dingen, die Welt buchstabierend, so wie es sie entdeckt, und zufrieden mit diesem Inventar – von all diesem Anekdotischen nehmen wir Abschied. Es wird sich in der Folge aus sich selbst heraus konstruieren, und zwar zuerst durch Definition – so hat es Platon ein für alle Mal bestimmt: es wird daran arbeiten, das Erfasste zu vereinheitlichen, um der entmutigenden Zersplitterung in Einzelfälle zu entkommen, und sich den souveränen Aussichtspunkt des Begriffs erlauben. – Gut, schon ist es geschehen: Die Naivität jedes Realismus (Phänomenalismus), der mit dem Finger auf das zeigt, was er vor den Augen hat, ist überwunden. Und Sokrates kann spotten: Wäre es nicht entschieden zu lächerlich hinzunehmen, dass man dieses Schöne mit einer beliebigen Materie vergleicht, und sei es, weil man sie in so vielen verschiedenen Objekten als immer Gleiche wiederfindet? Da es kein Gegenstand, Gold oder Marmor, sein kann, muss das Schöne folglich ein Begriff sein. Denn der Meinung zu sein, in der Statue der Athene sei der Marmor an einer gewissen Stelle schön, schöner als Elfenbein, „weil er in angebrachter Weise verwendet wird", bedeutet, das Schöne nicht mehr in einem Gegebenen zu suchen, dessen Begrenztheit zu offensichtlich ist, sondern als ein Prinzip. Wer dies tut, wird mühelos das Gewimmel des Vielfältigen durchdringen. Das „Angebrachte" (*to prepon*): Ist das nicht gerade die Definition des Schönen?

Nun aber die erste Enttäuschung der entstehenden Philosophie in ihrer Eroberungslust: So wie das Denken auf Abwege geriet, solange man von Gegenstand zu Gegenstand wanderte, um das Schöne durch Assimilation zu identifizieren, so verliert es sich nun wieder, indem es uns von Prinzip zu Prinzip irren lässt. Denn ist man nicht gleichwohl zur Reduktion verurteilt, egal, worauf man das Schöne auch bezieht – was dazu führt, dass das Schöne wiederum entflieht? Indem wir verfolgen, wofür die Suche nach dem Schönen eine Übung ist (immer noch im *Hippias maior*): Ist ein hölzerner Löffel schöner als ein Löffel aus Gold, weil er eher dem Gebrauch „angemessen" ist? Und wer versichert uns andererseits dass das, was wir als „angebracht" hinnehmen, nicht bloß diesen Anschein erweckt? Verbessern wir also den Begriff des Angebrachten durch das „Nützliche“ (*chresimon*) und laden so seine Zielgerichtetheit mit größerer Wirksamkeit auf. Besteht dann aber nicht die Gefahr, dass das Nützliche sich zu weit vom Guten entfernt, indem es auf eigennützige Zwecke abzielt? Ersetzen wir also das Nützliche durch das „Vorteilhafte“ (*ophelimon*); aber das Vorteilhafte seinerseits würde, wenn es das Gute hervorbringt, vom Guten unterschieden sein, et cetera.

Wenn es die Mühe wert ist, diese dialektischen Übungen, denen Platon „das Schöne“ unterzogen hat, noch einmal und immer wieder durchzugehen, dann deshalb, weil sie uns ermessen lassen, in was für Schwierigkeiten wir uns unwiderruflich befinden, sobald wir einmal „das Schöne“ als Begriff gesetzt haben. Der Weg der Abstraktion selbst, der das Schöne als Begriff definiert, dieser Weg, der sich als Königsweg angekündigt hatte, wird vermutlich auch nicht – zumindest nicht so bald – der Ausweg sein, auf den man gehofft hat. Warum also zuwarten, zu dem zurückzukehren, was uns der Hausverstand sagt und worauf sich die Sprache von Anfang an verständigt: dass das Schöne „der Genuss ist, den Gehör und Gesichtssinn bereiten“, wie es, nach allen Argumenten, Sokrates *in fine* vorschlägt? Aber wenn man das Schöne in dieser Weise auf die Wahrnehmung beschränkt, lässt sich dann noch von moralischer Schönheit sprechen? Und warum überhaupt zweien unserer Sinne, dem Gehör und dem Gesichtssinn, das Privileg über dieses Angenehme in der Wahrnehmung zugestehen, auf Kosten der anderen? Insofern es nicht einem Sinn allein eigen ist, aber auch nicht allen fünfen zugehörig, lässt das Schöne unklar, wie es zugleich in den Bereich dieser beiden und jedes einzelnen für sich fallen kann. Wieder einmal bleibt das Wesen der Gemeinsamkeit ungreifbar. Denn wenn am Ende des Weges dieser Genuss des Gehörs und des Gesichtssinns zur Abgrenzung der anderen Genüsse einzig dadurch definiert wird, dass er der „unschuldigste“ (*asines*) und beste ist, dann ist das lediglich ein erster – schwankender – Schritt, das Schöne vom Angenehmen zu unterscheiden und sein „uneigennütziges“ Wesen, wie man es, allerdings deutlich später, bezeichnen wird, zur Geltung zu bringen. Um die Wahrheit zu sagen, die Untersuchung, an ihr Ende geführt, beginnt gerade erst.

III. Spurrillen einer unmöglichen Definition

Dennoch hat Platon, indem er uns vom einen Ende dieser Untersuchung zum anderen geführt hat, und wenn auch nur, um endgültig zu erkennen, dass sie zu keinem Schluss kommen kann, ein für alle Mal das abgesteckt, was nach ihr, in ihrem Kielwasser, zum „Problem des Schönen" wurde. Mit dem *Hippias maior* hat dieses Problem Wurzeln geschlagen, und man wird nicht mehr so leicht daraus entkommen. Wird es je möglich sein, von ihm abzulassen? Wird man sich eines Tages von ihm befreien können? Bis wohin würde sein Schlagschatten nicht reichen? Wenn auch die Antworten unendlich variieren, so bleibt doch die Frage bestehen. Von ihr bleibt, aus der Sprache bezogen, der *Begriffseffekt*: das Schöne. Wenn wir auch nicht definieren können, was das Schöne ist, so wird zumindest anerkannt, dass es „vorhanden ist", wir „glauben" (*nomizein*) an seine Existenz. Das heißt, wenn ich diese philosophischen Anfängerübungen noch einmal durchgehe, dann weil es Zeit ist, von außen abzumessen, wie sehr sie uns geformt haben.

Ist es tatsächlich unerheblich zu bemerken, dass Sokrates (bei Platon), wenn er uns lehren möchte, uns zum Begrifflichen zu erheben, jedes Mal mit dem Schönen beginnt (vor dem „Großen", dem „Guten" und dem „Gerechten")? „Unterhalb" der vielfältigen Aspekte der Gegenstände ist es das Schöne, was er als erstes zu setzen – genau genommen: zu „unterstellen" (das benutzte Verb ist *hupotithesthai*, wie in der „Hypothese", *Phaidon* 100b) – sich veranlasst sieht. Das Gute mag später zum Schlüsselstein des Gebäudes und zum höchsten Term erhoben werden, doch die Erziehung eines Philosophen muss *mit dem Schönen* beginnen: indem man ihn lehrt, vom Plural zum Singular überzugehen, von den „schönen Stimmen" und den „schönen Farben" zur Einheitlichkeit des Schönen an sich (im Herzstück der *Politeia*, 476 b–d). Noch mehr, mit dem Schönen – in diesem Übergang vom Adjektiv zum Substantiv (im Neutrum) – hat die Askese begonnen, und wir begeben uns auf den Weg zum Idealen: insoweit wir nur schöne Gegenstände kannten, nicht aber die Existenz des Schönen als solchen (*auto*), lebten wir „in einem Traum". Indem wir das Schöne von ihnen ablösen, betreten wir das wahre Leben und werden für die „Idee" empfänglich.

Es wir uns also keine andere Wahl bleiben, als unsere Schritte in seine Spuren zu setzen. Wir werden von eben jenem Ort, von jenem ersten Text (dem *Hippias maior*) ausgehen müssen, den man später als den Geburtsakt des Problems aufgefasst hat: dort wird definitiv, trotz aller Aporien, die daraus folgen, die Vorstellung begründet, dass „das Schöne" als „etwas" – *ti* – existiert, zugleich isolierbar-identifizierbar, zumindest im Prinzip, und als etwas, woraus sich das Objekt eines Diskurses machen lässt. Etwas „worüber" (*peri*) man sprechen kann (*Peri toû kaloû* lautet der Titel), was zugleich Distanz und Meisterschaft voraussetzt, um sich seiner zu bemächtigen. Auf die Gefahr hin, dass dieses Wort, unfähig zu einem Ende zu gelangen, immer wieder, bis in alle Unendlichkeit, zurückgeworfen wird. *De pulchro*, werden im Gleichklang die Lateiner sagen (sie verfügen wohlgemerkt lediglich über das Neutrum, ohne den Artikel). Denn selbst wenn man darauf verzichtet, aus dem Schönen eine Idee von metaphysischem Status zu machen, bleibt Folgendes nichts desto weniger unbestritten – getragen durch die Sprache; und was explizit zu machen Platon das Genie hat, wobei eine starke Parteinahme verhehlt wird: dass es ein „etwas" gibt, durch das das Schöne schön ist, anders gesagt, dass eine Essenz des Schönen existiert, die sich als solche dem *logos* darbietet, auch wenn unsere Anstrengungen sie zu erlangen noch immer eitel sind. Von nun an reicht es, dass dies „unterstellt" wird, wie Platon sagte. Gewiss, Aristoteles glaubt nicht mehr an Ideen, die vom Wahrnehmbaren getrennt sind, aber er hält es nichtsdestoweniger für erwiesen und gar für unbezweifelbar (also für etwas, über dessen Gültigkeit nachzudenken man nicht einmal in Betracht zieht), dass es eine gewisse eigene Existenz oder „Washeit" des Schönen gibt, mit gleichem Recht wie es das Gute gibt, also auf der ersten Stufe der Essenzen: ein An-und-für-sich (*kath 'hauto*), das nur von sich selbst bestätigt wird, das zugleich als Ursache und als Prinzip fungiert und als solches der Erkenntnis zur Verfügung steht (*Metaphysik, Zeta 6*).

Man kann den Begriff in der Folge, wie es etwa bei den Stoikern geschieht, noch so sehr ausspannen; man kann wohl zwischen seinen unterschiedlichen Ausformungen unterscheiden: zwischen dem kosmischen Schönen, gemacht aus Form, aus Größe, aus Ordnung, aus Vielfalt oder aus Farbe, wie es in den Schriften Ciceros zelebriert wird,[1] und, auf der anderen Seite, der Schönheit des menschlichen Körpers, bei dem man die richtige Proportion oder „Symmetrie" in den Vordergrund stellt – nichtsdestoweniger bleibt es dabei, dass von nun an die Frage des Schönen, so wie die Sphinx, unerschütterlich auf ihre Beantwortung wartet. Und dass diese in sich den Abdruck des gesamten Systems trägt: so bei den Stoikern, die, indem sie das Schöne als ein angemessenes Verhältnis zwischen den Teilen untereinander auffassen, auf diese Weise die Leitidee der Fragmentierung des Ganzen in jedem einzelnen Teil der Welt reproduzieren. Eine Auffassung, der Plotin logisch widerspricht: Unter diesen Umständen wäre das Eine, das Einfache, das Nicht-Zusammengesetzte also nicht fähig, schön zu sein? Kurz: Sag mir, wie deine Definition des Schönen lautet, und ich sage dir, welcher Philosophie du angehörst. Es folgen, über diese Klüfte hinweg, so verschiedenartige Synkretismen, dass die Kommentatoren sie gänzlich zu entwirren nicht imstande sein werden. Ausgehend immer wieder von Platon (dem *Hippias maior*), wird die Liste der Definitionen länger und länger. Noch mitten im 18. Jahrhundert, und zwar als Eröffnung seiner *Abhandlung über das Schöne*, ist sich Diderot nicht zu schade, seinerseits eine Rückblick auf sie zu halten: das Schöne als innerer Sinn und Richtung (die Engländer) oder als von Abwechslung durchkreuzte Gleichförmigkeit oder als Maximum, das allen Feinheiten der Geometrie entschlüpft oder als Angemessenheit an einen Zweck oder als… Diderot fügt, wie jedes Mal, seine Antwort mit dem Anspruch hinzu, sie alle zu umfassen: Besteht das Schöne nicht, unter diesem oder jenem Blickwinkel, notwendig (essentiell) in „Verhältnissen"?

Fragen wir uns also: Hat Europa im Fahrwasser der Frage des Schönen, und bei all der Leidenschaft, die es für sie aufwendet, Fortschritte gemacht? Die Kunst hat sich ohne Unterlass verändert, ihre Revolutionen folgen wie die Glieder einer Kette aufeinander. Aber das Schöne? Kann „das Schöne" erfinderisch sein? Einheit – Form – Farbe – Verhältnisse – Teile/Ganzes – Schicklichkeit – Maximum – Zweckgerichtetheit und so weiter: Man kann von diesen Parametern diesen oder jenen verschieben, die Betonung auf den einen oder den anderen legen, ohne dass man darum das viereckige Feld verlassen würde, wie es Platon erstmals abgesteckt hat, klar begrenzt und endgültig. Diderot sagt es zum Einstieg noch einmal: „Alle Welt beschäftigt sich mit dem Schönen", doch fragt man, was seine genaue Definition oder sein wahres Wesen sei, dann „geben die einen ihre Unwissenheit zu, und die anderen stürzen sich in den Skeptizismus."[2] „Das Schöne" ist in dieser Hinsicht wohl die Art von Frage, auf die der Okzident versessen ist (so auch die „Zeit"): eine Frage, die sich von nun an dem Geiste aufdrängt, getragen von der Sprache, als „notwendig" beurteilt doch ohne Ergebnis; und das Rätselhafte hat wieder einmal nicht lange gebraucht, in die ausgefahrene Spur einzulenken. Daher kommt der Verdacht (oder könnte es bereits das Bedauern über einen solchen Anfang sein?): Hätte man nicht, anstatt sich in diese platonische Falle hineinziehen zu lassen, vielmehr damit zufrieden sein sollen, ohne „das Schöne" als Begriff zu setzen im Gefolge von Hippias dem Sophisten all das mit einem Fingerzeig „schön" zu nennen, was unter den einen oder den anderen Sinn fällt, was man hört oder sieht und was einen Ausruf der Freude hervorruft? Oder war es notwendig, das „Schöne" zu *denken*?

Wird denn Hegel, der wieder einmal Anspruch auf das letzte Wort erhebt, in dieser Hinsicht mehr zu sagen haben als die anderen? Kann man auf diesem Weg – dem der Definition des Schönen – Fortschritte machen? Ich würde das als das Schöne definieren, was durch sich selbst schicklich ist (*quod per se ipsum deceret*), hatte schon der junge Augustinus vorgebracht, dem zufolge, was er von seinem heute verlorenen Werk *De pulchrum* berichtet: Im Unterschied zum „Angemessenen" (*aptum*), das passend ist aufgrund seiner Anpassung an etwas anderes, ist das Schöne (*pulchrum*) die Übereinstimmung eines Objekts mit dem, was es sein soll, oder besser mit dem, was ihm gut ansteht zu sein und was seine Vollkommenheit ausmacht.[3] Und hat nun Hegel nicht gleichermaßen das Schöne gemäß derselben Forderung definiert, jenen zum Trotz, die in der

Hochromantik das Schöne als undefinierbar feierten, der Forderung nach einer verdoppelten, zweistufigen Übereinstimmung, anders gesagt nach einer effektiven Übereinstimmung, innerhalb des sinnlich Wahrnehmbaren, mit dem, was in sich selbst mit sich übereinstimmt, das heißt in seinem Prinzip oder in seiner Idee? Wird man einen Ausweg aus diesen Termini finden: Das Schöne ist jene Manifestation als Phänomen, die dem Begriff adäquat ist, das heißt die im Äußeren und der Objektivität das verwirklicht, was mit dem im Inneren Enthaltenen übereinstimmt, welches wiederum selbst mit sich selbst übereinstimmt (*Angemessenheit zu dem sich selbst gemäßen*[4]). Die Verkettung, in der uns das Schöne hält, ist jene, die von der Übereinstimmung des sinnlich Wahrnehmbaren zu jener inneren Übereinstimmung führt, die der Idee eigen ist; indem er uns von den schönen Gegenständen zur Universalität des Schönen übergehen ließ, und weiter indem er damit begann, das Schöne durch die Schicklichkeit zu definieren, eröffnete Platon effektiv den Weg. Eine Furche wird damit gegraben – ist es wohl eine Erzader? – die man später lediglich verlängert hat.

Was ist es nun aber, fragt Hegel, was in dieser platonischen Abstraktion gleichwohl nicht mehr unseren modernen Bedürfnissen entspricht, was verloren gegangen ist; was Hegel selbst mit jenem Terminus bezeichnet, auf den man sich in Europa seit langer Zeit geeinigt hat, um umfassend, mit einer Geste des Nacheilens, das zu bezeichnen, was diesem platonischen „Auffliegen" des Denkens immerzu zu entweichen droht: das „Konkrete"[5]? Könnte eine weitere Möglichkeit zu seiner Wiedererlangung darin bestehen, den Weg über China zu nehmen? Nicht so sehr, um auf das Schöne zu verzichten, sondern um daraus endlich einen *vollen Begriff* zu machen? Denn der Grund dafür, dass sich die Definition des Schönen, wie man sich ihr seit Platon gewidmet hat, am Ende im Sand verliert, ist vielleicht, dass man es nicht verstanden hat auszumachen, aus welchen theoretischen Parteinahmen eine solche „Idee" geboren wurde; aus welchen einzigartigen Ressourcen sie geschöpft hat. Denn wer sagt, dass das Problem des Schönen sich uns aufdrängt und dass es als solches unausweichlich ist? Wer sagt, dass es universell ist? Wenn man das Nachdenken darüber fruchtbar machen will, dann wird es, so meine ich, das Beste sein, es zuerst in seiner Fremdartigkeit wiederherzustellen.

IV. Befund: China kannte das Monopol des Schönen nicht

Gehen wir zu unserem Zweck von eben diesem anderswo und von eben diesem Befund aus. Nicht nur nimmt die chinesische Sprache diesen leichtfüßigen Übergang von „schön" zu „dem Schönen" durch einfache Beifügung des Artikels nicht vor, der das Schöne in Richtung der Universalität des Begriffs wendet (auch wenn die chinesischen Denker Abstraktionsmarker zu erarbeiten in der Lage waren, so fanden sie dafür doch nicht dieselben bequemen Voraussetzungen in der Sprache, in der Morphologie selbst, vor). Doch zugleich, oder vielmehr als gegenläufige Erscheinung – und das eine ist zweifellos vom anderen nicht zu trennen – hat sich die chinesische Sprache gehütet, einem einzigen semantischen Element den Vorzug zu geben, um das anzusprechen, was wir in Europa „schön" nennen. Hat sie also tatsächlich in der Art „schön" gesagt, wie es die europäische Sprache tun konnte, die diesem Terminus eine hegemoniale Rolle zugestand? Denn was die europäische Sprache mit einem monopolhaften, um nicht zu sagen ausschließlichen, Terminus bezeichnet – *schön* oder *kalos* – hat das Chinesische einer viel größeren Vielfalt von Ausdrücken und Formulierungen überlassen, die über ein ganzes Gitterwerk von Korrelationen verstreut ist. Das Netz, welches die Sprache über das wirft, was „dem Gehör und Gesichtssinn Genuss bereitet", um die Grundformel des *Hippias maior* wieder aufzunehmen, ist viel feinmaschiger, und es gibt eine große Anzahl entsprechender Termini, die sich, bei gleichberechtigtem Gebrauch, klar und deutlich voneinander abgrenzen; oder aber sich so gut decken, dass man Mühe hat sie zu unterscheiden. Gelegentlich variieren sie auch mit dem Idiolekt des Autors. Das Wort *mei*, das wir heute mit „schön" übersetzen und das mittlerweile als patentierte Entsprechung für unseren Begriff dient, dominiert nicht, zumindest nicht in der Tradition.

Auch die chinesischen (oder japanischen) Geschichten der Ästhetik, die ja Kopien des abendländischen Modells sind, können sich noch so sehr bemühen: was könnten sie je finden, wenn sie in ihrer eigenen Kultur zurückgehen, was jener „notwendigen" Frage des Schönen entspräche, wie sie die Griechen eines Tages gestellt haben?[6] Sie können nach Belieben demonstrieren, wie diese oder jene Denkschule seit der Antike eine ausgesprochene Sensibilität für das begünstigt hat, was wir heute – ausgehend von Europa, infolge einer Globalisierung in der Theorie – einhellig als das „Schöne" bezeichnen, doch werden sie sich nichtsdestoweniger schwer tun zu sagen, welcher Terminus eine solche Bewusstwerdung in ihrer Sprache synthetisiert und expliziert. „Wenn wir uns nach China wenden", sagt François Cheng, „sehen wir, dass die Gründer der zwei wichtigsten philosophischen Strömungen von Anfang an die Vorzüge der Schönheit in den Vordergrund gestellt haben."[7] Das will ich gerne zugeben – aber welcher Begriff bezeichnet denn *auf Chinesisch*, und bevor der Kontakt mit dem Abendland hergestellt wird, die „Schönheit" auf jene einheitliche und allgemeine Weise, die sie als gemeinsamen Begriff durchsetzt?

Denn erwartungsgemäß ist bei den Konfuzianern nur von der Durchführung des Rituals und von musikalischem Gefühl die Rede, wobei diese einander ausgleichen; oder von „spiritueller Wanderschaft" und innerer Beweglichkeit, befreit von Konventionen und günstig für die Verwirklichung eines authentischen Talents, wie jenes des Malers am Hofe von Song (im *Zhuangzi*). Ich warne deshalb vor jener modischen Substitution, die, weit davon entfernt, den berühmten Dialog der Kulturen zu begünstigen, im Gegenteil dazu tendiert ihn zu untergraben und ihn sogar, wie ich meine, ein für alle Mal unerreichbar macht. All jene, die – in China, in Japan – unmittelbar und ohne weitere Ausarbeitung auf den (europäischen) Begriff „schön" rekurrieren, um über ihre eigene Tradition zu sprechen, sind, ohne es zu bemerken, Spielball einer Illusion, die auf kultureller Ebene dem analog ist, was in der Geschichte Anachronismus heißt. So als ob, weil in diesen Zivilisationen oder in anderen eine kulturelle Verfeinerung existiert, die in höchstem Grade einen reflektierten Genuss „des Gehörs oder des Gesichtssinns" verkörpert, es notwendigerweise des Begriffs des Schönen bedürfe, um diese unter einen Hut zu bringen. Wenn man aber nun die Perspektive umkehrte? Vielleicht ist es ganz im Gegenteil dieser Hut des Schönen, der ein solches Spiel von Nuancen und Entsprechungen in unpassender Weise zudeckt und es gar auslöscht; der in der Folge ganz allein das Problem (des „Schönen") entstehen lässt, indem er ihm den Anschein des Unumgänglichen verleiht, während es in Wirklichkeit ergebnislos ist; und so seinen Schatten über das Denken wirft.

Auf diese Bemerkung komme ich namentlich durch jenes seltsame Bedauern, das ich sogar bei den sinophilsten meiner Freunde vernehme. Denn keiner, der jenes älteste Buch Chinas in Händen gehalten hat, das *Buch der Wandlungen (Yijing)*, dessen Text sich in aufeinanderfolgenden Schichten über den gesamten Verlauf des Altertums entwickelt hat, versäumt es festzustellen, dass nicht eine einzige der vierundsechzig Figuren dieses Buches, die auf die unterschiedlichsten Situationen verweisen, explizit das Schöne behandelt; und oft zeigen sie sich davon enttäuscht. Nur bei Figur XXII (*Bi*), die weit davon entfernt ist, eine der bemerkenswertesten zu sein, ist von Zierde oder Verschönerung die Rede: das chinesische Schriftzeichen, von dem sie ihren Namen hat, bildet in seinem unteren Teil eine Kauri ab, eine Muschel, die früher als Währung diente und auf Wertvolles hindeutet; und in seinem oberen Teil, verdreifacht, das Graphem für alles Pflanzliche, wodurch das Hervorsprießen und die Blüte im Frühling evoziert werden. Die Figur in ihrer Gesamtheit, so stellt man fest, bringt eine Bewegung der Veräußerlichung zum Ausdruck und lässt zugleich das Kostbare anklingen, ohne jedoch die Idee eines rein perzeptiven, visuell-auditiven Genusses zu entwickeln, der als solcher für vollwertig genommen würde.

Betrachten wir denn genauer, an welcher Stelle unsere Figur der Verschönerung in der Ordnung des Buches in Erscheinung tritt: Sie schaltet sich nach jenem Moment ein, da es für notwendig befunden wird, zur Wiederherstellung der Harmonie auf rigorose Maßnahmen zurückzugreifen (Figur XXI, *Shi ke*: Kräftiges „Durchbeißen" dessen, was ein Hindernis darstellt, somit „wiedervereinigen" und demnach erfolgreich sein); und vor dem Moment, in dem die Faktoren der Schwäche sich sammeln, um das Starke zu eliminieren (Figur XXI-II, Bo: das „Aufreiben" bis zur Abhäutung). Die eingenommene

Perspektive erscheint nun deutlicher – kulturelle Ausdrucksformen sollten immer aus der Perspektive betrachtet werden, die sie getragen hat, um eine ethnozentrische Sicht zu vermeiden, oder vielmehr das, was ich hier „Ethnomonismus" nennen will, wobei der Monismus (des Schönen) jener des Okzidents ist: Die Verschönerung ist nur ein *Moment*, und zwar jener, da sich in der Figur der weiche Faktor (*yin* --) dem harten Faktor (*yang* —) beimischt, um sein Aushärten zu verhindern (unteres Trigramm ☲); wo weiter der harte Faktor (*yang*) seinerseits dem weichen Faktor Einhalt gebietet, um ihn zu hindern, noch weicher und damit exzessiv zu werden (oberes Trigramm ☶). Wenn es eine „Verschönerung" gibt, kommt sie also daher, dass die zwei entgegengesetzten Faktoren sich in einem gemeinsamen Motiv kreuzen (*wen*, was gleichermaßen Konfiguration, Text, Ordnung und Zivilisation bedeutet, bezeichnet ursprünglich ein solches Kreuzen von Linien); und daher, dass das Innere sich außerhalb manifestiert, wobei es zuerst in den Extremitäten zum Vorschein kommt (in den ersten Linien der Figur: der „Fuß" – der „Bart"), bis es schließlich alles mit einem harmonisierenden Ton überdeckt (so das „Weiß", das die Figur dominiert).

Welche Lehre lässt sich also aus dieser „Verschönerung" ziehen? Es ist jene von einem delikaten Ausgleich durch diffuse „Sättigung" (3. Linie) und „Verwischung" (5. Linie), wobei das Gesamte jeden Glanz oder Knall vermeidet. Nichts Hervorstechendes also, was sich abhebt und die Aufmerksamkeit auf sich zieht: was den Blick einfängt und ihn verführt oder hinreißt, wie wenn man sagt „das ist schön". Und der Ausgleich ist nicht von Dauer: Wie man es in China gewohnt ist, ist der implizite Blickpunkt jener eines fortgesetzten Prozesses, der die im Spiel befindlichen Faktoren reguliert und alle Abläufe anleitet, jene der Welt wie jene des menschlichen Verhaltens. Ohne dass also ein substantielles „Etwas" – ein von jedem Prozess abgeschnittenes Subjekt – das man dieser Vielfalt „unterstellt" und das man als „das Schöne" bezeichnen würde, in sich isoliert und getrennt und im Ruhezustand gedacht wird, indem man es aus dem Wahrnehmbaren herauszieht und als ideale Norm installiert.

V. Was geht uns durch das Schöne verloren?

Doch sorgt nicht die Kunst selbst, wird man mir entgegenhalten, notwendigerweise dafür, dass das Schöne befördert und explizit gemacht wird? Man weiß nun, dass China über eine reiche künstlerische Tradition verfügt, namentlich in der bildlichen Darstellung, und was für eine Vielfalt die *Kunst des Malens* unter dem Pinsel der Gelehrten dort entwickelt hat. Frage: Befasst man sich dort deswegen aber auch mit dem „Schönen"? Bei der neuerlichen Lektüre jener großartigen „Hefte eines Kenners" (*Geschichte der Malerei*) des Mi Fu (aus dem 11. Jahrhundert, der Glanzzeit der chinesischen Malerei, zu deren großen Vertretern Mi Fu gehört) finde ich darin einen breiten Fächer von unterschiedlichen Formulierungen, die erst die Übersetzung – aber was könnte sie anderes tun? – eindeutig auf jenen imperialistischen Terminus reduziert: das „Schöne"[8]. Denn mit welchen Worten bringt dieser Gelehrte seine Bewunderung für die Gemälde in seiner Sammlung zum Ausdruck? Er sagt schlicht, dass ein bestimmtes Gemälde „herausragend" (*wei shang*) ist; oder auch „lebendig" (*huo*), „vortrefflich" (*jing-hao*) oder „geglückt" (*jia*, der geläufigste Ausdruck); dass ein anderes „vollkommen, wie natürlich" (*ru tian cheng*) wirkt oder aber eine „unerschöpfliche Anziehungskraft" (*wu qiong zhi qu*) besitzt. Seine Wortwahl oszilliert von einem Pol zum anderen: vom „Verführerischen" (*yan*), das manchmal eine gewisse Vulgarität nicht vermeiden kann, zum „Vergeistigten" (*ru shen*), dessen die Kunst teilhaft wird, wenn sie ihren Gipfelpunkt erreicht. Oder aber er greift auf zweisilbige Ausdrücke zurück, deren beide Terme in einem sensiblen Gleichgewicht zusammenwirken, wie vorher *yin* und *yang*, der „weiche" und der „harte" Faktor, in der Figur der „Verschönerung": „blühend/frisch" (*xiu – run*), oder „rein/hübsch" (*qing – li*), oder „geheimnisvoll/vornehm" (*you – ya*), et cetera. Kurz, das semantische Feld bleibt weit gestreut, kein einzelner Ausdruck dominiert darin.

Begeben wir uns nun zum Endpunkt dieser großen Tradition, etwa sieben Jahrhunderte später, und wiederholen wir die Probe (bei Fang Xun, im 18. Jahrhundert, bevor der europäische Einfluss in China einzudringen beginnt): auch hier ist das chinesische Wort (*mei*) nicht zu finden, das heute mit „schön" übersetzt wird. Hingegen ist immer noch genauso häufig von „schön – geglückt" (*jia*) die Rede, oder von „verführerisch" als Gegensatz zu „hässlich" (*yan/chou*), bald verknüpft mit dem Wort „hübsch" (*li*) und bald davon unterschieden. Um die überragende Qualität des Gemäldes zu bezeichnen, wird die Betonung das eine Mal auf die Spontaneität seiner Vollendung gelegt (*miao*), das andere Mal auf die spirituelle Dimension, die sich in ihm offenbart (*shen*), dann wiederum verbinden sich die beiden Aspekte (*shen – miao*). Es ist selbstverständlich nicht diese Vielfalt von Formulierungen, die den Unterschied zu Europa ausmacht, sondern die Tatsache, insofern die Wertschätzung hier vielgestaltig ist, keinem einzelnen Terminus die Vorherrschaft zufällt; und behalten wir im Auge, dass es sich nicht einfach um eine Frage von Worten handelt: Das Feld der Bestimmungen wird in der Tat von mehreren verschiedenen Kraftfeldern durchlaufen; es lässt sich nicht einer einheitlichen Perspektive gemäß ordnen.

Ich habe im Vorhergehenden von einem Befund gesprochen, weil China uns tatsächlich mit einem Unterschied konfrontiert, der zu denken gibt: die Verzweigungen, die sich über dieses ganze Netz von Bestimmungen hinweg wahrnehmen lassen – ihre Spannungen ebenso wie ihre Korrelationen – entwickeln untereinander ausreichend Resonanz und Kohärenz, dass es nicht länger notwendig ist, ihnen eine „Essenz" des Schönen (im Sinn von Platon) zu „unterstellen", das heißt eine solche unter sie zu stellen, um sie im „Sein" zu begründen. Zumindest unter der Voraussetzung, dass man einigermaßen lesen kann, und zwar auf Chinesisch. Dies zu begreifen, was mich zugegebenermaßen erst einmal, auf dem Weg zahlreicher Wieder-Lektüren, einiges an Zeit gekostet hat, heißt nicht, dem „Narzissmus der kleinen Unterschiede" nachzugeben, wie Freud zu Recht gespottet hat, noch auch sich mit einer prinzipiellen Andersheit zufriedenzugeben, wie manche es für angebracht gehalten haben mir vorzuwerfen, sondern beinhaltet eine Wahl, die ich für gewöhnlich nicht explizit gemacht sehe, die aber nichtsdestoweniger grundsätzlich ist. Denn man muss sich für eine von zwei Möglichkeiten entscheiden: Entweder man projiziert, zumindest implizit, seine eigene Erwartung (das „Schöne"), sodass sich in der Folge diese vielfältigen Termini als ebenso viele Varianten unter dieses erwartete, logisch mitbegriffene Schöne einordnen: eine angleichende Lektüre, die nicht länger verstört, in der sogar alles, was diesem Impliziten gegenüber noch über den Rand hinausragen könnte, sich in angenehmer Weise mit exotischem Charme färbt. Oder aber man akzeptiert es, allen diesen wahrgenommenen *Unterschieden*, die beim Übersetzen so leicht verloren gehen, ihre Möglichkeit einzuräumen – die Wahl, die ich hier getroffen habe – und muss sich in der Folge, als ein abenteuerlustiger Erkunder des Menschlichen, damit auseinandersetzen, wie weit sie führen können.

Sie werden uns beispielsweise so weit führen, jene Domäne noch einmal zu überdenken, in der das Schöne am deutlichsten sein Vorrecht behauptet: ist vom Schönen seit Homer nicht zuallererst in Bezug auf den menschlichen Körper die Rede? Nun, auch in China hat man gelegentlich von „schönen Menschen" (*mei ren*) sprechen können, wenn dabei auch nicht so sehr die körperliche Gestalt oder das Aussehen im Vordergrund standen. Seit der Ming-Dynastie, namentlich unter dem wachsenden Einfluss von neuen, eher volkstümlichen Genres – Theater und Roman – die nach Bebilderung verlangten, konnten die Schönheiten des Frauenpalastes zu einem Thema der Malerei werden; und man stellt fest, dass schon der Maler Zhou Fang, Pionier der erotischen Malerei, so wie sein ganzes Jahrhundert weibliche Fülle und Üppigkeit „für schön gehalten" hatte[9]. Für sich allein erscheint diese Bemerkung anekdotisch. Denn es ist wohl wahr, dass die gelehrte Tradition gewöhnlich all dieser Hübschheit misstraut, die den Blick der Masse einfängt und vom eigentlichen Prinzip der Malerei ablenkt. Denn das, was eigentlich zählt und was die Abbildung wiederzugeben hat, ist die Aura innerer Vornehmheit, von der die Persönlichkeit geprägt ist: obwohl die Erscheinung der Palastfrauen „streng und unerbittlich“ ist, ist darin durchweg ein Geist „altertümlicher Lauterkeit“ zu finden, aus dem sich ganz natürlich eine „majestätische, imposante und würdevolle Erscheinung“[10] ableitet (eine majestätische und würdevolle „Schönheit“, so unterstreichen systematisch die Übersetzer, sowohl im Englischen als auch im Französischen, wodurch sie der Formulierung einmal mehr eine allzu große Eindeutigkeit verleihen[11]). Die sittliche, oder vielmehr rituelle Konnotation hat hier Vorrang vor einer Wertschätzung des Schönen *per se*. Auch ist die Abbildung der „hübschen Frauen“ nichts weiter als eine Unterhaltung für Weltmänner; man lenkt sich damit ab, sagt man, allerdings ohne dass sie uns erlauben würde „weiter vorzudringen“[12].

Man kann indes nicht oft genug anmerken, wie sehr der Übersetzer in eine europäische Sprache ganz ohne seine Absicht dazu verleitet wird, mit dem Wort „schön“ – in monolithischer Weise – das wiederzugeben, was das Chinesische nichtsdestoweniger auf verschiedene Arten und durch zusammengesetzte Ausdrücke bezeichnet, die miteinander konkurrieren und einander ausbalancieren. Während im Abendland das Schöne unsere präferentielle Wahrnehmung ebenso wie die Bewertung ihres Gegenstandes kanalisiert oder vielmehr als ihr Trichter gedient hat, hält das Chinesische jedes Mal an spezifischen Zügen fest, die kategorisieren (typologisieren) ohne dabei zu subsumieren (die chinesische Vernunft ist, um es mit einem kantischen Wort zu sagen, weniger konzeptualisierend als „schematisierend“); die zugleich – diese beiden Dinge gehören zusammen – die Interaktion mit dem Werk als Handlung aufrecht halten (entsprechend der berühmten Opposition von *yin* und *yang*, von der die Zeugung der Welt als Ganzes herrührt, wie es bereits die Figur der „Verschönerung“ gezeigt hat), anstatt es zuzudecken und mit einem einheitlichen Etikett zu fixieren. Was ist es nun, was sich in China der Herrschaft des Schönen widersetzt? Denn nicht nur bringt uns die chinesische Wortwahl zurück in ein Diesseits vom monopolisierenden Effektes des Begriffs und lässt uns möglichst nah am Ursprünglichen der Wahrnehmung bleiben, sondern sie hält uns zugleich mit jener Dynamik verbunden, welche ohne Unterlass die Welt bewegt und entfaltet. In seiner Übertragung des *Shitao* übersetzt Pierre

Ryckmans jedes Mal stereotyp mit „landschaftliche Schönheit“ (*beauté du paysage*)[13], was das Chinesische beispielsweise von der ersten Seite an mit jenem tatsächlich äußerst schwer begrifflich (abstrakt) wiederzugebenden Kompositum ausdrückt: „herausragend (blühend) – verstreut (hier und dort): *xiu – cuo*; ich merke an, dass auch der Übersetzer ins moderne Chinesisch *mei*, „Schönheit“, hinzufügt, als ob es sich dabei um eine nunmehr notwendige Stütze handelte[14]. Nun ist im klassischen Chinesisch der von der Landschaft ausgehende Reiz aussagekräftig genug, ohne dass das Schöne ihn subsumiert; die Spannung zwischen dem einen und dem anderen bleibt lebendig, unverdeckt: zwischen dem „Herausspringenden“ und dem „Verstreuten“, zwischen Sich-Abheben und Sich-Verteilen; in diesem Stadium wird das, was *emporkommt* und den Blick einfängt, noch in seinem ursprünglichen *Hier-und-dort* gefasst, entwicklungsfähig, ungeordnet, nicht zugerichtet.

Deshalb frage ich mich: Zu sagen „Das ist schön!“, wenn ich den Hügel erklommen habe und sich mir die Landschaft auftut – führt mich das, insofern ich damit augenblicklich in eine abstrakte Einheitlichkeit kippe, im selben Zug dazu, etwas von meinem Vermögen zur „Empfindung“ (*shou* 受, eines der Schlüsselworte des *Shitao*) einzubüßen? Ist „schön“, da es so zahlreiche Eigenschaften abdeckt, nicht eine allzu einfache Benennung, ein im Nachhinein aufgeklebtes und beschaulich gewordenes Etikett, das mich bereits von jenem emportretenden „Hier-und-dort“ der Gegenstände trennt, die zugleich verstreut sind und miteinander korrelieren und bis ins Unendliche, jedoch immerzu im Modus eines Neubeginns, ihre Spiele der Polarität organisieren? Ist „schön“ nicht bereits ein allzu loser Begriff, allzu distanziert und synthetisch? Bildet er nicht bereits ein Hindernis für meine spontane Entdeckung der Welt, indem er sich ihr in brutaler Weise aufzwingt? Zumindest stellt sich die Frage: was wird durch ihn blockiert? Er schirmt nicht so sehr vom Singulären ab, unserem traditionellen Gegenpart zur Universalität des Begriffs, als von den schöpferischen Paarungen, die ohne Unterlass die Welt harmonisch unter Spannung setzen und sie in Bewegung halten – und in denen unser Blick selbst eine interessierte Partei ist. Vergessen wir nicht, dass „Ding“ auf Chinesisch „Ost-West“ (*dong-xi*) heißt: bereits hier ist eine Korrelation vorhanden; ein Wort für Landschaft ist „Berge-Wasser" (hoch und niedrig, *shan-shui*): wiederum eine Wechselwirkung. Uns hat das „Schöne" hingegen schon ins Resultative kippen lassen, ohne Bewusstsein für den dazugehörigen Prozesses und ohne Verbindung zu den lebendigen Interaktionen: auf seinem Sockel isoliert.

VI. Das Schöne, Angelpunkt der Metaphysik

Nun, wie haben wir diesen Sockel überhaupt errichtet, auf den das Schöne gestellt ist – einen Sockel, der uns in Wahrheit plötzlich fremd erscheint, sobald wir ihn aus der Ferne betrachten? Wie sind wir in Europa am Ende dazu gekommen, aus diesem „Schönen" eine Statue zu machen, unbeweglich und undurchdringlich wie das Göttliche? Baudelaire: „Ich bin schön, o ihr Sterblichen! Wie ein Traum aus Stein…" („Die Schönheit"). Diese Statue des Schönen hat sich seitdem überall herumgetrieben, wie jene auf ihren Tragsesseln festgemachten Götterstatuen, allenthalben äußerst bequem zu transportieren. Denn wenn das Schöne sich vom Lebenden löst, dann entscheidet es sich in Wirklichkeit, sich vom Vergänglichen, vom Zufälligen, vom Individuellen, vom Verstreuten, vom „Hier-und-dort", vom Anekdotischen zurückzuziehen: von all dem, was ihm Kompromisse abverlangen würde. Es schneidet allseits die Haltetaue zu all jenem durch, was es noch mit dem Werdenden verbinden, was es von der Ordnung der Prozesse und ihren Polaritäten abhängig machen würde. Indem es sich von der Welt abtrennt, zieht es sich in seine Essenz zurück und schließt sich in seinem Geheimnis ein. Wiederum Baudelaire: „… Ich throne im Azur wie eine unverstandene Sphinx". In Zukunft können die Dinge nicht mehr schön sein außer durch Teilhabe – eine allerdings stets allzu vage, zögernde, unsichere Teilhabe – an dem, was man flüchtig in jenem Anderswo geschaut hat, auf das die Blicke von nun an gerichtet bleiben. Ganz für sich allein hat es das Schöne geschafft, jenes große, dem europäischen Pathos so eigentliche Drama in Szene zu setzen: Ferne – Sehnsucht – Leiden und unstillbares Streben der „fügsamen Liebenden", die sich in seinem Schoß aufreiben, jedes für seinen Teil bereit, sich darin aufzuopfern.

Denn das Schöne wird nicht einfach abstrahiert: von „schön" zu „das Schöne"; es wird nicht einfach extrahiert: vom sinnlich Wahrnehmbaren zur Idee – wobei es zum Ort einer Askese wird, die uns den allzu leichten, allzu zerbrechlichen Charme der „schönen Stimmen und schönen Farben" vergessen lässt, und wo wir schließlich von dem aus, was bloß ein Traum war, hin zum „erwachten" Leben gelangen. Noch dazu nämlich, genau gesagt indem es auf sich selbst trifft, isoliert sich das Schöne, findet seine Heimat, läutert sich: „... Ein Herz aus Schnee geselle ich zum Weiß der Schwäne..." (ebenda). Denn das Schöne gräbt sich heroisch von all dem ab, was es mit anderen Dingen vermischen, was es in eine Beziehung einschreiben und in jenem Netz von Spannungen und Interaktionen halten würde, von dem China nicht geglaubt hat, dass man sich endgültig aus ihm lösen könne. Denn eben in Hinblick auf das Schöne, mit der Absicht genau diese Läuterung und Erhebung zum Schönen auszudrücken, hat Platon (im Gefolge des Anaxagoras, welcher *nous*, den „Geist", heraufbeschwor[15]) jenen Ausdruck gefunden, der für uns das Absolute bezeichnen wird – ein entscheidender Moment in der Geschichte des abendländischen Denkens: er bricht kategorisch mit allem, was ihn partikularisieren, ihn lokalisieren oder in Bezug setzen würde; was ihn einer Perspektive unterliegen ließe, ihn in einer Zugehörigkeit hielte, ihn durch Erfahrungen verunreinigen würde: was ihn in einer Abhängigkeit einschließen würde. In Hinblick auf das Schöne wird zum ersten Mal das ausgesprochen, was jede Bedingtheit ausschließt, was als eigentlich *un*-bedingt in Erscheinung tritt und die unerhörte Kraft dieser Ausschließung freilegt. Und das hatte in der Folge schwerwiegende Konsequenzen.

Es ergibt sich tatsächlich ein Problem: Denn wie ist dieses Zurückziehen von jedem Bezug sagbar, wo doch „sagen" in Bezug setzen heißt, wie es die Griechen wohl wussten, wenn sie *logos* dachten? Platon erfährt in Hinblick auf das Schöne zum ersten Mal die Macht einer negativen Theologie, die das Denken auf keine Seite zurückfallen lässt, es immer wieder von dem befreit, was seinen Steigflug beschränken könnte, und es damit vor jeder Entfremdung bewahrt. Faszination des „Reinen", des Nicht-Belehnten, des Nicht-Relativierbaren, dessen, was sich jeder Zerstückelung und jedem

Aneinanderfügen verweigert. Höhenrausch: Welches merkwürdige Jenseits vermag der Satz durch sein Hineinhacken in dieses Spiel der Korrelationen – und gleichermaßen Zugeständnisse – nicht zu eröffnen? Welches mögliche Andere lässt er nicht, wiewohl indirekt, von oberhalb des irdischen Horizonts auftauchen, sofern diese Zurückweisung in systematischer Weise alle Einzelfälle breitestmöglich abdeckt: indem sie auf allen Seiten ihre Klingen gekreuzt hält, um nicht zuzulassen, dass sich etwas Partikuläres dem Schönen nähert und „es" verschmutzt? Platon gibt sich dem folgenden Jubelruf hin (mit der Stimme der Diotima im *Symposion*, 211): „Er wird eine Schönheit sehen, die in ihrem Wesen erstaunlich ist", „die weder entsteht noch vergeht, weder wächst noch sich vermindert; weder schön von einer Seite und hässlich von der anderen ist, noch schön zu diesem Zeitpunkt und hässlich zu jenem; weder schön in Bezug auf dieses und hässlich in Bezug auf jenes, noch schön für diese und hässlich für jene ist." Was kommt, wenn man die möglichen Bestimmungen vollständig neutralisiert, am Ende zum Vorschein? Eine gänzlich entkörperte „Schönheit", die auf nichts beruht, sich unter keinem Blickwinkel reduzieren lässt: die „weder als Gesicht in Erscheinung treten wird, noch auch als Hände", „weder als Rede noch als Erkenntnis", die „auch nicht mehr in etwas Äußerlichem liegt, zum Beispiel in einem Lebewesen, in der Erde, im Himmel oder in irgendetwas anderem". Da es sich auf nichts beziehen muss, kann dieses Schöne nur selbstbezüglich sein: es spiegelt sich in sich selbst und weidet sich nur an sich selbst, „an sich und für sich und mit sich" sagt Platon, der diesen Zirkel und seine Redundanz nicht verlassen kann, und folglich ist es „von einer einzigen Essenz" (*monoeides*).

Indes macht Platon hierbei bekanntlich nicht halt. Die durch Verabsolutierung des Schönen erreichte Hypostase ist ihrerseits nur ein Teilaspekt. Zu sagen, dass man zur Kenntnis des Schönen an und für sich, unberührt von jeder Entstehung und jedem Ablauf, gelangen kann, nachdem man das Schöne der Individualität eines „schönen Körpers" entrissen hat, um es schrittweise „auf alle" zu verschieben, und daraufhin das so erlangte Allgemeine nach seiner Ablösung vom sinnlich Wahrnehmbaren auf die „schönen Handlungen ebenso wie auf die schönen Wissenschaften" übertragen hat, reicht offensichtlich nicht aus. Denn woher nehmen wir die Kraft für diesen Aufstieg? Wie setzen wir uns mit diesem entlegenen Ort der Essenzen in Verbindung, dem *topos tôn eidôn*, welchen die Metaphysik errichtet, um unsere diesseitige Welt in Stabilität und Wahrheit zu begründen? Allein das Schöne kann uns in dieser Hinsicht retten; das Schöne ist unser einziger Behelf und Mittler. Und das ist wohl der Grund, wieso es das Schicksal der europäischen Philosophie in sich trägt: diese umschlingt es wie die Weinrebe den Thyrsusstab.

Wir können nicht beginnen, wirklich über das Schöne nachzudenken, ohne auszuloten, warum die (europäische) Metaphysik des Schönen als eines für ihre Errichtung unverzichtbaren Werkzeugs bedurft hat; und danach zu erkunden, was für eine außergewöhnliche Rolle ihm in ihr zukommt. Unter allen Ideen (des Guten, der Gerechtigkeit, der Weisheit…) nimmt das Schöne sich wiederum ein einzigartiges Privileg heraus. Das lässt sich anhand einer Schlüsselstelle des *Phaidros* (250 b–d) überprüfen: Nicht nur hat man eben vom Schönen ausgehend begonnen, die Idee als transzendent zu begreifen, es ist auch wiederum das Schöne, das uns, weil es als einziges „schimmert" und sich unseren Augen offensichtlich aufdrängt, in umgekehrter Richtung, aus dem Inneren des sinnlich Wahrnehmbaren heraus, in das wir eines Tages verfallen sind, mit jenem Ideellen verbindet – wobei die eschatologische Fiktion selbstverständlich einzig den Zweck hat, diese Trennung der Ebenen besser zu entfalten. Es kann also als einziges dieses Ideelle in ein *Ideal* verwandeln, nach dem man streben kann. Und weiter: Eben durch das Schöne üben wir uns in der Loslösung von den Sinnen sowie in der Abstraktion und Verabsolutierung der Idee, doch zugleich – in umgekehrter Richtung – erinnern wir uns gerade in diesem höchst emotionellen Zustand, in der Erschütterung und dem Zittern, das wir plötzlich, heftig, von Angesicht zu Angesicht, beim Anblick der Schönheit des Geliebten spüren, wieder an die Schönheit, die wir Dort geschaut haben. Einzig das Schöne kann beides miteinander verknüpfen. Denn könnten wir ohne das Schöne vom Himmel überhaupt nur träumen? Wie könnten wir, und wenn es nicht mehr ist als das, auch nur Nostalgie für ihn empfinden? Während, so sagt Sokrates, die anderen Ideen in den Bildern unserer diesseitigen Welt nicht die geringste Leuchtkraft besitzen und nur äußerst widerwillig und schemenhaft ihre Gestalt darin erkennen lassen, hat einzig die Schönheit das besondere Schicksal, zugleich die „offenbarste“ und die „begehrenswerteste“ (*ekphanestaton – erasmiôtaton*) zu sein: ihr allein gelingt es, uns zu mobilisieren.

Die Kohärenz des Platon besteht also darin, an dem einen und dem anderen festgehalten zu haben, sodass er schließlich Folgendes als Gesamtheit dachte: Ohne das Schöne würden wir nicht einmal an die ideelle Welt denken, die ihrerseits nicht ideell (rein, ewig, absolut...) sein könnte, wenn nicht eine grundsätzliche Trennung zwischen uns und ihr bestünde; weil jedoch allein das Schöne seinem Ursprung in jenem Ort der Ideen zum Trotz dem sinnlich Wahrnehmbaren innerlich eingeschrieben ist, bildet es ein Zeichen und führt uns zu dieser Grenzüberschreitung hin. Geben wir, um diese Vermittlerfunktion des Schönen zu erhellen, auch jenen Superlativen ihr ganzes Gewicht, die uns in der Unmittelbarkeit des Hier und Jetzt, des Fleisches und der Materie, entgegenschlagen: Das Schöne ist Gegenstand eines ganz und gar überwältigenden Begehrens, des *erôs* der triebhaften Liebe; denn es tritt, während es mit vollem Recht dem Unsichtbaren angehört, innerhalb der Sichtbarkeit als Allersichtbarstes hervor. Das Griechische sagt genaugenommen, dass das Schöne in den innersten Bereich des Sichtbaren vordringt und in diesem „Heraustreten“ (die Bedeutung von *ek* in *ekphanestaton*) umso sichtbarer wird. Weil es ein Anderswo miteinbegreift, hebt es das Sichtbare auf eine höhere Ebene und führt es zu seiner vollen Intensität. Lesen wir darin etwas, was sich auch phänomenologisch ausführen ließe: die Schönheit unterstreicht das Sichtbare, indem sie sein Inneres bloßlegt; und zugleich führt sie es an seine Grenzen, indem sie über es hinausgeht. Das heißt, sie macht es kenntlich und fördert es allein durch die Tatsache, dass sie sich nicht auf es reduzieren lässt. Oder auch: Das Schöne führt das Sichtbare zu besserer Sichtbarkeit, indem es nahelegt, dieser zu entsagen.

Aus diesem durch das Schöne freigelegten Widerspruch hat Platon, wenn wir den Hauptfaden seiner Argumentation herausziehen, nichts Geringeres abgeleitet als das, was man später die *conditio humana* nennen würde: Wie wir durch das Schöne erfahren, ist der

Mensch jenes Wesen, das in sich etwas vom „Anderswo“ trägt (womit im Wesentlichen das „Denken“ expliziert wird), er hat sowohl am Hier als auch am Dort teil. Weil ihm das Schöne etwas vom Dort enthüllt, kann er sich mit dem Hier nicht zufriedengeben. Bereits durch diese leichte Berührung mit dem Anderswo erschaudert er. Im Schönen entdeckt er außerdem, was von da an seine Berufung ist: das Schöne ist eine Initiation im vollen Wortsinn (die zurück zum „Dort“ führt – die Sprache der Mysterien ist dabei nur Schmuck). Was wiederum jene Konsequenz hat, von der die fortgesetzte Erregung herrührt, die das „Hier“ des Lebens durchzieht und dergestalt ist, uns in unserem Gefühl von Existenz zu bestärken (Platon erschließt hier eine Mine für die Kunst ebenso wie für die Literatur): Ich fühle mich umso mehr in der Welt anwesend, je weiter ich sie zurücklasse; in gleicher Weise fängt das Schöne unsere Blicke ein, weil es in ihr einen Hohlraum von Abwesenheit entstehen lässt.

VII. Trennung-Vermittlung: Worauf sich das Schöne gründet

Wie viele Male hat man all dies wiederholt? Wie viele Male ist man zu diesen *loci platonici* zurückgekehrt (von Epoche zu Epoche, von neuerlicher Lektüre zu neuerlicher Lektüre: Plotin, Ficino et cetera)? Und welche endgültigen Verbindungen haben sie geschaffen, aus denen das Schöne später strukturell nicht mehr zu lösen ist? Wenn ich selbst mich so lang an diesen allzu bekannten *loci* des platonischen Denkens aufhalte, die wir zu sehr verinnerlicht haben, als dass sie noch zu uns sprechen würden, dann eben weil es Zeit erfordert, sie in ihrer Fremdheit wiederherzustellen. Wie weit ist man bei ihrer Lektüre wirklich gegangen, so sehr sie uns geformt haben, so sehr wir ihnen verpflichtet sind, ganz gleich, wie sehr man sie kritisieren mag? Denn sie erzeugen diese zwei miteinander vereinten Momente von *Trennung* und *Vermittlung*, welche die beiden großen Operationen des europäischen Denkens sein werden, wobei jeweils die eine die andere impliziert. Wenn das Schöne dort einen Platz weit im Vordergrund einnimmt, dann zweifellos nicht so sehr aus Interesse für die Schönheit selbst, sondern weil es der beste Angelpunkt ist, oder sagen wir vielleicht sogar das einzige „Verbindungsstück", das das europäische Denken finden konnte, um dem einen Zusammenhalt zu geben, was der philosophische Dualismus und vor ihm der religiöse Asketismus (Pythagoras vor Platon) anfänglich einander entgegengesetzt haben: das Sichtbare und das Verstehbare (*oraton/noeton*), das Empirische und die Idee. Weil das „Schöne" als einziges beiden angehört: während es ins tiefste Innere des sinnlich Wahrnehmbaren vorstößt, bringt es zugleich die Notwendigkeit mit sich, sich von diesem zu trennen – im Schönen „schimmert", wie Platon sagt, jene Nostalgie, die ihm innewohnt; und gerade jene Theologie der *Ver-* und *Entkörperung* – des Göttlichen, das ins Fleisch eingeht, nur um sich wieder daraus zurückzuziehen, und aus dieser Trennung seinen Nutzen zieht – hat aus ihm das Zentrum, oder vielmehr den Hebelpunkt, jenes Verfahrens gemacht, das man in Europa zur Dramatisierung dessen gewählt hat, was nicht mehr länger einfach das Leben, sondern von diesem Moment an die „Existenz" sein würde.

Beweis *a contrario*: der für seinen Teil wenig dramatische Aristoteles. Wenn Aristoteles, wie es die griechische Sprache nahelegt, eine Essenz oder „Washeit" des Schönen anerkannt hat, allerdings ohne sie zu einem philosophischen Problem zu entwickeln, dann gerade deswegen, weil er, da er die Ideen nicht mehr vom sinnlich Wahrnehmbaren trennte, einen solchen Vermittler – das Schöne – nicht mehr nötig hatte, um Zugang zu jenen zu erlangen; und auf der anderen Seite, oder vielmehr im Gegensatz dazu, weil die Trennlinie zwischen dem irdischen Hier und dem himmlischen Dort bei ihm von nun an so scharf geschnitten ist (zwischen dem Korrumpierbaren und dem nicht Korrumpierbaren, zwischen dem Notwendigen und dem Zufälligen), oder ihre Heterogenität so grundlegend (wie zwischen Physik und Theologie), dass keine Teilhabe des einen am anderen mehr vorstellbar ist. Wozu könnte das Schöne noch dienen, oder Gegenstand welcher Enthüllung könnte es sein, wenn die göttliche Natur der Sterne von nun an unserer niederen Welt vollkommen fremd ist? Täuschen wir uns also nicht darüber und halten wir fest – man wird auch besser verstehen, warum andere Kulturtraditionen *auf die Isolierung des Schönen verzichten* konnten: das Interesse, das wir dem Schönen entgegenbringen, hängt nicht in erster Linie davon ab, dass es der Kunst als Konzept dienen könnte, oder auch nur dass es imstande wäre, die angesichts der Natur empfundene Gemütsbewegung zum Ausdruck zu bringen – Platon selbst schränkt die Erfahrung des Schönen auf die Regung des Begehrens im Angesicht des Geliebten ein; vielmehr war das „Schöne" bei der metaphysischen Installierung des Idealen notwendig als ein *logisches* Werkzeug.

Auch wenn man, geschult an Foucault, gewisse Vorbehalte hat, das Wort „Tradition", einen normalerweise so bequemen Terminus, vorzubringen, sehe ich im Übrigen doch nicht, wie ich ihn weiterhin vermeiden kann: so deutlich ist hier der Effekt einer Spurrille sichtbar und schließt jede andere Möglichkeit aus. Denn sogar in der Kritik, die Kant in Bezug auf die Metaphysik geübt hat, kommt diese Vermittlerfunktion des Schönen erneut hervor, immer noch ebenso kraftvoll, immer noch ebenso notwendig: Auch Kant wird sich, und zwar aus logischen Gründen, wieder damit befassen müssen, insofern er ja die Bedingungen eines Dualismus aufrecht erhält. Solange man dabei bleibt, die zwei Bereiche des Sinnlichen und des Übersinnlichen als getrennt zu betrachten – in kantischen Termini jenen der Natur und jenen der Freiheit, von denen der eine den Gesetzen des Verstandes, der andere denen der Vernunft unterworfen ist, der erste von Begriffen und der zweite von Ideen besetzt ist, und so weiter – muss man dann nicht gezwungenermaßen einen vermittelnden Terminus, ein Mittelglied (und das ist die Funktion des „Schönen") einführen, um sie miteinander zu verbinden? Dem „Schönen" kommt die Aufgabe zu, diese unterstellte Einheit abzusichern, die, wiewohl sie „unergründlich" ist, den Zusammenhalt des Ganzen garantiert und in transzendentaler Weise die beiden (die Zweckmäßigkeit der Natur und jene der Freiheit; siehe die Einführung zur *Kritik der Urteilskraft*) verbindet.

Denn wenn auch ein „unüberbrückbarer Abgrund" das Sinnliche nach wie vor und für alle Zeit vom Übersinnlichen trennt, sodass kein Übertritt vom einen zum anderen möglich ist, so schiebt sich, sagt uns Kant, das vom Schönen ausgelöste Genussempfinden nichtsdestoweniger, oder sogar in umso kostbarerer Weise, zwischen die beiden: zwischen die „Erkenntnisfähigkeit" (durch die der phänomenale Gegenstand konstituiert wird) und die Fähigkeit, das Gute zu „begehren" (durch die das Unbedingte des Willens freigelegt wird); und ebenso sieht sich die „Urteilskraft" bezüglich des Schönen kompromittiert zwischen den Fähigkeiten des Verstandes und der Vernunft, insofern sie das Empirische (des Genusses) mit dem *a priori* (des Urteils) verbindet; und schließlich wird die Schönheit als die dem Menschen eigentliche Ebene zwischen dem „Angenehmen", das wir mit den Tieren teilen, und dem „Guten" eingeführt, das für alle vernünftigen Wesen Geltung hat, die Geister mit inbegriffen… Man wird zu keinem Ende kommen, wenn man die Vermittlerfunktionen aufzählen will, die das Schöne annimmt. Die Philosophie hat also nach Kant lediglich zwei Teile (theoretisch und praktisch), und nichtsdestotrotz sind drei *Kritiken* notwendig, und die dritte (jene der „Urteilskraft", die beim Schönen ansetzt) wird am Ende sogar das Hauptstück des ganzen Systems sein: sie ist es nämlich, die jenen berühmten, andernfalls als unmöglich betrachteten „Übergang" zwischen den beiden anderen vorstellbar macht. Wer also könnte mit Sicherheit behaupten, dass Kant sich für das Schöne um seiner selbst willen interessiert hat, oder dass er in seinem Leben jemals ein Gemälde betrachtet hat?

Wenn es in dieser Hinsicht einen Unterschied zwischen den antiken und den modernen Denkern gibt, liegt er dann nicht vielmehr bloß in der Art und Weise, wie diese zwei getrennten „Gebiete" – das des sinnlich Wahrnehmbaren und das des Verstehbaren – in Relation zueinander bewertet werden? Entweder wird das eine zugunsten des anderen abgewertet: man muss sich aus dem Sumpf des sinnlich Wahrnehmbaren emporwinden, um sich zum Geistigen der Idee erheben zu können; oder aber die beiden werden als gleichermaßen notwendig für die Entwicklung des Menschen bewertet und bilden miteinander ein glückliches Gleichgewicht. Die Vermittlungsfunktion des Schönen wird entsprechend dazu modifiziert: entweder ist das Schöne als *Übergang* bloß der Zustand eines in seiner Richtung eindeutigen Fortschritts; oder es behält seine Funktion als *Schnittstelle* bei und ist die goldene Mitte, in der sich die beiden Gegensätze versöhnen. Man erkennt bereits, was paradoxerweise die Konsequenz des ersten Standpunkts ist, jenes, den Platon und noch mehr Plotin einnimmt: Je mehr das Schöne an Tiefe und Reinheit gewinnt, je mehr es sich entkörpert, desto näher wird es an seine Auslöschung herangeführt. Durch das Auffalten ihrer ontologischen Stufenfolge von der Schönheit der Körper hin zu jener Vernunft – *logos* – die der Natur innerlich ist und welche die physische Schönheit nachahmt, dann weiter von der Schönheit der Natur zu jener der Seele, dann von der Schönheit der Seele zu jener des Verstandes, welcher der Seele als seiner Materie innewohnt, beginnt eine solche Schönheit, indem sie „erstrangig" wird und nunmehr dem Anderswo oder dem Dort (*ekei*, Plotin, V, 8, 3) angehört, mit dem Guten zu verschmelzen: sie gelangt darin zugleich zu ihrem Höhepunkt und verschwindet. Eine neuerliche Bestätigung dafür, dass das Schöne bei der Errichtung der Metaphysik weniger aufgrund seiner eigenen Bestimmung von Bedeutung ist als dass es – während seine Transparenz stetig zunimmt – als philosophischer Vermittler dient.

Die Griechen (Platon – Plotin) haben das „Schöne“ mit dem Blick des Liebenden auf den Körper des Geliebten assoziiert, einem verblendeten und gefangenen Blick, und folglich mussten sie dazu aufrufen, sich aus dieser Gefangenschaft und Knechtung durch das Begehren zu befreien – eine anthropologische Erfahrung, die letztlich begrenzt und aus diesem Grund einzigartig ist: die Quelle des Schönen versiegte ganz von selbst unter dem Überhang des Guten zu versiegen, welches zur Entsagung an das Fleischliche führt, während es zugleich das gesamte Sein mit seinem einzigartigen Licht erhellt. Die modernen – oder nennen wir sie besser „vormodernen“ (Schiller) – Denker greifen die Terme dieses metaphysischen Dualismus wieder auf, als wäre dieser über jeden Verdacht erhaben (so ist eben die „Tradition“), und folgen dabei den festgelegten Antinomien: auf der einen Seite das „sinnlich Wahrnehmbare“ (die Zeit – die Natur – die Abgrenzung – die Endlichkeit…), auf der anderen Seite das „Formale“ (das Absolute – die Vernunft – die Freiheit – die Ewigkeit…); doch weil sie sich entschieden haben, beides gleichermaßen hoch einzuschätzen, projizieren sie rückblickend dieses harmonische Gleichgewicht auf die Griechen: Wird das Schöne nicht immer gerade dadurch erhöht, dass man von ihm exiliert ist, sich von ihm entfernt hat, indem man ins Körperliche oder auch, im Gegenteil, ins Spekulative versunken ist? Die antike Nostalgie für den Himmel wendet sich zu jener für ein Goldenes Zeitalter, und wieder einmal erhält das Schöne seinen Wert dadurch, dass es verloren gegangen ist. Immerhin handelt es sich, da das Schöne nun nicht mehr im Namen der Askese seinem sinnlichen Aspekt entsagen kann, nicht länger um eine Logik (oder hier vielmehr um eine Rhetorik) der Steigerung oder Abstufung, sondern um eine des Ausgleichs. Das Schöne ist der Kreuzungspunkt in beide Richtungen: „Durch die Schönheit“, sagt Schiller, „wird der sinnliche Mensch zur Form und zum Denken geleitet“; und umgekehrt „durch die Schönheit wird der geistige Mensch zur Materie zurückgeführt und der Sinnenwelt wieder gegeben“[16]. Die Vermittlung durch das Schöne erfolgt also von nun an gleichermaßen – unparteiisch – von der einen wie von der anderen Seite her.

Führt sie darum aber zu einer Lösung des Knotens? Ganz im Gegenteil. Denn insofern nun nicht mehr die Überwindung des einen durch seine Opferung an das andere impliziert ist, strebt dieses „Mittlere" des Schönen danach, diese unvereinbaren Dinge zusammenzubringen; und diese Vermittlung, die nur durch das Schöne bewirkt werden kann, indem es uns in jenen „mittleren Zustand" versetzt, welcher die beiden entgegengesetzten Ordnungen vereint, verstärkt in der Folge notwendigerweise die Widersprüche. Denn wenn das Schöne auch die beiden entgegengesetzten Zustände des Sinnlichen und des Denkens verbindet, gibt es doch, fährt Schiller fort, „schlechterdings kein Mittleres zwischen beiden", und es ist ganz und gar unmöglich, dass sie miteinander verschmelzen könnten. „Dies ist der eigentliche Punkt, auf den zuletzt die ganze Frage über die Schönheit hinausläuft"[17]. Denn die Schönheit bleibt für alle Zeiten eine „Frage". Solange man diese Vermittlung nicht, wie es Kant von einer Theorie der Fähigkeiten ausgehend tut, von Grund auf neu konstruiert, wird man am Ende immer zum „rätselhaften" Wesen des Schönen als verbleibendem Zufluchtsort zurückkommen, der indes ganz offensichtlich ein Loch in der europäischen Rationalität darstellt (in diese Bresche drängen sich allerdings auch das Begehren und die Faszination). In ihm wird sich in Zukunft das „Mysterium" verdichten…

Wird man aus dieser Sackgasse herauskommen können? Wird man je diese Auffassung des Schönen als Vereinigung von beziehungsweise Vermittlung zwischen zwei getrennten, in Hinsicht auf ihre Essenz sogar entgegengesetzten Bereiche überwinden können, die folglich in sich einen Widerspruch fokussiert? Hegel scheint sie vielmehr weiterzuführen, insofern das Werk der „schönen Künste" bei ihm in eine Mittelstellung zwischen dem unmittelbar sinnlich wahrnehmbaren Sein und dem ideellen Denken einnimmt: insofern das Schöne als jenes der Form des sinnlich Wahrnehmbaren und des Gegenständlichen zugrundeliegende Wissen gedacht wird, im Rahmen dessen das Absolute des Übersinnlichen Zugang zur Sinneswahrnehmung erlangt; insofern es also definiert werden kann als Vereinigung des (universellen) Begriffs mit der (individuellen) Manifestation als Phänomen; oder eines „Inhalts" mit seiner „Äußerung". Hegel gibt sich allerdings damit nicht zufrieden. Denn im selben Moment, in dem er diese Auffassung zu ihrer Vollendung führt, bringt er etwas vor, mit dem er sie in ihrem Fundament untergräbt; und das kann er natürlich nur tun, indem er den berühmten Dualismus in Frage stellt. Ich denke, dass er durch diese Unstimmigkeit endlich diskret allem Weiteren die Tür öffnet.

Gehen wir also tatsächlich, wie Hegel, davon aus, dass der Schein nicht mehr dem „Sein" und der Wahrheit entgegengesetzt ist, sondern betrachten ihn von nun als jenes für das Sein essentielle „Erscheinen" ist, ohne das die Wahrheit nicht existieren würde:[18] das Schöne selbst ist also „das sinnliche Scheinen der Idee". Bedenken wir gleichfalls, dass der „Geist" nicht mehr jene abstrakte Wesenheit ist, die an einen Ort jenseits der „Gegenständlichkeit" (dessen, was sich entgegenstellt)[19] verwiesen wurde, sondern dass er jenem Widerpart, den für ihn die Natur darstellt, innewohnt, ohne sich länger von dieser beschränken und begrenzen zu lassen; und umgekehrt, dass die „Natur" nicht länger getrennt dem Geist entgegenzusetzen ist, wie es bislang der Dualismus der Metaphysik getan hat, sondern dass sie als ihn „in sich tragend"[20] aufzufassen ist. Welche grundlegenden Veränderungen in diesen Verhältnissen zwischen Geist und Natur hat es zur Folge, wenn wir diese, wiewohl sie sich voneinander unterscheiden, nicht länger als außerhalb von einander, als zwei getrennte „Seiten", betrachten, wie es der klassische Verstand unter Beibehaltung der Dichotomie so lange Zeit getan hat? In dieser Kulmination des Idealismus, auf die Hegel hinausläuft, lässt sich bereits eine Abzweigung erkennen, welcher wir nun werden folgen können, um den Bedingungen der Metaphysik selbst zu entkommen, und die uns sogar ein tieferes Vordringen erlaubt. Denn indem der Idealismus dort soweit radikalisiert wird, dass er den Dualismus auflöst, wird, siehe da, eine erste Brücke zu allem Weiteren gespannt. Und namentlich zu jener Auffassung, die wir in China wahrzunehmen begonnen haben, und die uns, während sie die Natur nicht vom Geist trennt, zu dem hinführt, was auch wir nichtsdestoweniger den „Geist einer Landschaft" nennen. Diese Umgestaltung unserer Auffassung von „Geist" ist ein erster Schritt in diese Richtung. Doch indem wir ihn tun haben wir bereits, und zwar ganz ohne es zu bemerken, das Schöne hinter uns gelassen.

VIII. Oder: „Den Geist übermitteln" durch das Greifbare

Eine „Landschaft": ihre Gipfel und Schluchten, ihre Felsen und Wälder, ihre aus den Tälern und ihren Gebirgsbächen hervorsteigenden Nebel; oder auch gewaltige Wasserläufe, einige undeutlich erkennbare kleine Inseln und ein paar Weiden, über dem Ufer, die das Vorbeiziehen des Windes sichtbar machen. Wie können diese Landschaften, die der Pinsel der Gelehrten in China so oft gemalt hat, nach dem Hegel'schen Wort die Unendlichkeit des Geistes „in sich tragen"? Denn ihnen ist wohl eine massive Naturhaftigkeit vorhanden – die breiten Böschungsflanken, die schweren Felsen, die rauen Baumstämme; doch handelt es sich dabei jedes Mal nur um das Wirksamwerden einer Energie, die sich mal verdichtet, verhärtet, undurchsichtig wird; dann wieder sich ausdünnt, zerfließt und sich ausbreitet. Diese Materialität ist nicht träge, sondern lässt die Schubkraft in Erscheinung treten, die sie herbeigeführt hat. Die geringsten Kontraste schaffen in sich einen Austausch: sie geben der Materialität ihre Spannung und machen sie aktiv. Was könnte also mit dem „Geist einer Landschaft" gemeint sein, wenn es nicht länger bloß darum geht, entsprechend der Gewohnheit, die man in Europa angenommen hat, durch einfache Projektion und Metaphorisierung den Geisteszustand eines Subjekts in die Dinge, welche bloße „Dinge" sind, hineinzulegen – wobei allein das Subjekt ihnen Leben „verleiht"?

Einige der in den allerersten Texten, die man in China der Landschaftsmalerei gewidmet hat (im 4. und 5. Jahrhundert: Zong Bing, Wang Wei) gewählten Formulierungen bringen uns auf die Fährte von etwas, was unvermeidlich mit einem Schlag zugleich unsere Physik und unsere Metaphysik in Frage stellt. Vergessen wir im Übrigen nicht, dass das, was hier als „Landschaft" übersetzt wird: „Berg(e) – Wasser“ (*shan-shui*), weit davon entfernt, sich der einheitlichen Wahrnehmung eines Subjekts darzubieten, welches unter seinem Blick den Horizont aufteilen würde, exemplarisch dieses Spiel der Polaritäten zum Ausdruck bringt: nicht nur jener von Hoch und Tief, sondern auch jener des Vertikalen und des Horizontalen, des Geformten (das Gebirge) und des Ungeformten (das Wasser), des Unbeweglichen und des Sich-Bewegenden, des Undurchsichtigen und des Durchsichtigen… Die Landschaft kondensiert und konzentriert in sich auf diese Weise die Interaktionen, die das Gewebe der Welt bilden und ihr innewohnen: sie beleben. Deshalb wird gesagt, dass „die Landschaft in sich die Materialität enthält, aber zum Geistigen tendiert“[21] (*zhi you er qu ling*). Auch wird in China tatsächlich zwischen dem Weisen und der Landschaft eine Parallele gezogen: „Der Weise setzt durch seinen Geist die Norm in Hinblick auf den Weg (*dao*), und die guten Menschen verstehen ihn“; und gleichfalls „erlaubt die Landschaft es, den Weg zu lieben, indem sie ihn sinnlich wahrnehmbar verwirklicht, und so erfreuen sich die von Menschlichkeit beseelten Menschen an ihr“.

Verweilen wir also bei dem, was hier über ein Ausbalancieren weit hinausgeht und die Landschaft zu einem *Weg zur Weisheit* erhöht. Denn wie kommt es, dass die „physische Aktualisierung“ durch Berge und Wasser (*xing* 形), weit davon entfernt, der „Dimension des Geistigen“ (*shen* 神) durch ihr träges, perzeptiv-objektives Wesen entgegenzustehen, wie es die Natur für gewöhnlich im europäischen Kontext getan hat, im Gegenteil die geistigen Lehren (darunter kann man in dieser Epoche und diesem Kontext auch präziser die Lehren des Buddha verstehen) wahrnehmbar – wie es heißt: „liebenswert“, „verführerisch“ – macht? Lesen wir weiter, ohne ihnen durch unsere Begrifflichkeiten Gewalt anzutun, jene Formulierungen, *in denen sich die Bedingungen des Dualismus auflösen*: „Der Geist, verwurzelt in dem, was keine Extreme hat, wird von den sinnlich wahrnehmbaren Aktualisierungen beherbergt und rührt/wird gerührt entsprechend den Kategorien der Gegenstände; auch der innere Zusammenhang (*li*) dringt bis zu den Schatten und den Spuren vor…“[22]

Es ist wahr, dass ich, wenn ich so übersetze, übermäßig gliedere und konstruiere (mit Artikeln, Präpositionen, Pronomen,

Relativsätzen, mit Subjekt und Konjunktion); man müsste jede dieser Formulierungen wiedergeben, indem man sich auf ihre vier Wörter beschränkt: „beherbergen – Aktualisierung(en) – rühren – Kategorie(n)“ (*qi xing gan lei*) – wobei diese tiefgehende Erschütterung unserer Auffassungen im Übrigen auf den ersten Blick so diskret erscheinen mag, wie sie tatsächlich massiv ist. Aber ich denke, dass man nichtsdestoweniger unterhalb der Decke der Syntax bereits erkennt, in welche Richtung dieser Unterschied zeigt, und welche bedeutende Verschiebung er bewirkt. Es ist hier durchaus von einer geistigen (*shen*) und als solchen unsichtbaren Dimension die Rede, doch sie hat ihren Platz nicht im Abseits: sie „wird beherbergt“ oder „hat ihren Sitz“ (*qi*) im sinnlich Wahrnehmbaren *und nirgendwo anders*; sie nimmt weiterhin Anteil an den wechselseitigen Reizungen, die den Lauf der Dinge hervorbringen, anstatt sich von ihnen abzulösen. Das ist der Grund dafür, dass sich, während der (die) Weise(n) über unzählige Generationen erstrahlt/erstrahlen, die zehntausend Phänomene (*qu* im Sinn des buddhistischen viṣaya) „ihren Gedankenflug verschmelzen“ (*rong qi shensi*). Man wird sich fragen, während man tastend in den Parallelismus vordringt: Wie kann etwas Physisches (etwas Greifbares) etwas Ideelles (Geistiges) „verschmelzen“? Beziehungsweise, was kann einzig ein solches „Verschmelzen“ uns Solideres oder Verbindlicheres, Ursprünglicheres bieten, woran unsere „Visionen der Welt“ allesamt augenblicklich Verrat begehen? Sofern es sich hierbei überhaupt um mehr als eine exotische Ausschmückung handelt.

Ich gebe gerne zu, dass man sich diese Frage nur aus der (abendländischen) Außenperspektive stellen wird, weil man eine Alternative mit-versteht, wohingegen der chinesische Denker gar nicht nachfragt und unsere Antinomien im Vorbeigehen zerstört, ohne es sich träumen zu lassen. Ein weiterer Grund für uns, hier innezuhalten. Denn was enthüllt dieses „Verschmelzen“ (*rong* 融) – dieses chinesische Schriftzeichen, das heiße Dämpfe heraufbeschwört, die sich erheben und sich zerstreuen, und in der Folge jede Art von Fusion, Verflüssigung oder von Vereinigung – schlagartig von einem möglichen Anderen? „Verschmelzen“ drückt den *Übergang* aus, wo etwas Physisches (etwas Undurchsichtiges) sich auflöst und entweicht, seine Grenzen verliert und sich ausdehnt; sich in der Folge zum nicht Wahrnehmbaren und zum Unbegrenzten hin öffnet: „Verschmelzen" ist das anti-dualistische Verb schlechthin. Loten wir also diese im Chinesischen so flüssige Formel auf das hin aus, was sie nicht sagt und was sie fröhlich streift, ohne sich weiter darum zu kümmern; betrachten wir sie in Hinblick auf jenen Abgrund, den sie beiläufig und ohne Aufsehen gräbt: das Physische (das sinnlich Wahrnehmbare) ist nicht länger der gesonderte Widerpart des Denkens, einer von zwei voneinander isolierten „Bereichen" (nach der endgültigen Formel des klassischen Dualismus: *res extensa/res cogitans*); indem es dieses „schmilzt", oder mit ihm verschmilzt, und seine „Ausatmung" zulässt, bringt es vielmehr von Anfang an jede prinzipielle Äußerlichkeit zwischen ihnen zum Verschwinden. Eine bloße Variante bei einem anderen Denker (wobei ich mich an den einzigen sicheren Teil der Aussage halte): „Das in den sinnlichen Ausformungen Verwurzelte verschmilzt (in sich) das Geistige"[23] (*ben hu xing zhe rong ling*) – das begriffliche Syntagma ist also sichtlich bereits vorgeprägt. Oder, wie es noch das *Shitao* in verwandten Termini am Endpunkt dieser bildlichen Darstellungstradition (zu Beginn des 18. Jahrhunderts) ausdrücken wird: die Landschaft – „Berge-Wasser" – legt das Geistige dar (*jian ling*[24]); oder in getrennter, doch paralleler Betrachtung der beiden Terme der Polarität: das Meer „kann durch seine Bewegtheit etwas Geistiges offenbaren"; der Berg „kann eine Schwingung transportieren".

In europäischen (importierten) Begriffen muss, wenn wir unsere Metaphysik scharf mustern, die Frage daher wohl lauten: Wie kann man die Unterscheidung zwischen dem sinnlich Wahrnehmbaren und dem Geistigen anlegen, ohne sich dadurch zu jenem Dualismus führen zu lassen, auf dem das „Schöne" beruht? Man wird ganz allgemein ins Gedächtnis rufen, dass die Chinesen, da sie nicht in Begriffen des Seins denken sondern in jenen des Prozesses, nicht in Begriffen der Eigenschaft sondern vielmehr des Vermögens (*de*), nicht in Begriffen von Vorbild und Nachahmung sondern von Kurs und Wegbarkeit (*dao*), anfangs tatsächlich von nur einer einzigen, identischen Realität ausgehen: der lebensspendenden Energie oder *qi* 气 (bei *li* 理, in der klassischen Epoche das zweite Glied des Binoms, welches wir für gewöhnlich mit „Vernunft" übersetzen, handelt es sich um die „Maserung" oder den inneren Zusammenhang, der die geregelte Entfaltung dieser Energie erlaubt). Alles, was existiert, der Mensch ebenso wie der Berg, ist folglich eine Individuation/Konzentration – oder sagen wir: Ausformung – dieses im Grunde unsichtbaren (*tai-xu* 太虛) Energie-Atems, von dem es seine greifbare Form erhält.

Doch das ist, fürchte ich, zu schnell gesagt – reine Erläuterung. Denn hierbei handelt es sich für unseren Geist nicht um eine Frage des intellektuellen Verstehens, sondern um eine der *Assimilierung* (oder vielmehr der durch Gewöhnung bewirkten Des-Assimilierung und Re-Assimilierung dessen, was den Hintergrund für unsere allgemeinsten, sich in „Offensichtlichkeit" sedimentierenden Repräsentationen bildet). Bringen wir also die Geduld für die notwendige Akkulturation auf; nehmen wir uns die Zeit, ich wiederhole es, uns zurechtzufinden: Die geistige Dimension (*shen*) und ihre sinnliche Ausformung (*xing*) sind nun nur mehr zwei entgegengesetzte und komplementäre Modi – in ständiger Wechselwirkung – ein und derselben Energieentfaltung. Wenn es also nicht „Geist" und „Materie" als zwei getrennte Wesenheiten gibt, dann haben wir es tatsächlich nur mit Vorgängen zu tun: Vergeistigung auf der einen Seite, Materialisierung auf der anderen, in ständigem Übergang von einem zum andern, und sich gegenseitig in Gang setzend. „Geist" wird also so verstanden, wie wenn vom „Geist des Weins" die Rede ist: Er wird dekantiert, wird subtiler und verflüchtigt sich, bis er nicht mehr wahrnehmbar ist (warum haben wir übrigens in Europa diese zwei Bedeutungen von „Geist" getrennt, die physische einerseits, die religiöse und philosophische andererseits?). Denn dieselbe Energie verdichtet sich das eine Mal, konzentriert sich und bildet das Greifbare: das Konkrete ist Resultat einer Gerinnung (von daher kommt die Undurchsichtigkeit der Körper: eine *yin*-Bewegung); das andere Mal, oder vielmehr gleichzeitig und in Entsprechung, *schmilzt* sie, breitet sich aus, wird beseelt und bildet den „Geist" (als kommunizierendes und regulierendes Vermögen: eine *yang*-Bewegung). Doch die beiden bleiben untrennbar verbunden und nur durch ihr Zusammenwirken kommt alles Wirkliche zustande: sodass die das Relief eines Gebirges strukturierende Energieader, welche der Geomant untersucht, mit dem selben Terminus (*mai* 脈) bezeichnet wird wie jene Ader, durch die der Puls des Lebens innerhalb des menschlichen Körpers transportiert wird – und derer sich der Akupunkteur annimmt.

Nun beginnt, während sich das Problem allmählich erhellt, klar hervorzutreten, was bei der ersten Annäherung wahrscheinlich keinen Sinn ergeben hätte: Die ersten Texte, die sich in China mit der Landschaftsmalerei befassen, sprechen nicht vom „Schönen“. Doch ich frage: Wozu hätten sie das „Schöne“ nötig gehabt, warum hätte dieses für sie eine Streitfrage darstellen sollen? Denn wenn es keine prinzipielle Trennung zwischen dem sinnlich Wahrnehmbaren und dem Geistigen gibt, wozu bedarf es dann der Intervention des Schönen als ein Bindeglied zwischen dem einen und dem anderen, welches sie vereint und zwischen ihnen vermittelt: das gleichermaßen das Geistige ins Innere der sinnlich wahrnehmbaren Materie vordringen lässt wie es da sinnlich Wahrnehmbare für das Anderswo der Idee öffnet? Vermittels der in ihr enthaltenen Spannungen zwischen Gebirge und Wasser, so heißt es im Chinesischen, zeugt die Landschaft das Geistige – „offenbart“ es – „schmilzt“ es, dekantiert es, setzt es frei und lässt es „ausströmen“, und diese Bestimmung alleine reicht aus. Die lebensspendende Energie (*qi*) kommt hier ganz und gar als Ausdruck ihrer Polaritäten zur Entfaltung: konzentriert zugleich Opazität in den Hängen des Gebirges und quillt in seinen Gipfeln und Sturzbächen vor Elan über; oder breitet sich in spärlichen Nebeln aus, verschleiert so selbst das Naheliegende hinter dem Eindruck der Ferne, und öffnet die Konfiguration für das Unbegrenzte. Der Berg für sich allein ist Verdichtung von Energie – wie der Körper eines Drachen, so lautet die Beschreibung – wenn er sich auftürmt und zusammenfaltet, sich neigt und sich biegt, wenn er Träges mit Munterem, Massives mit Scharfem, Felsiges mit Grasbewuchs, Dichtes mit Dünngesätem, Verlassenes mit Bewohntem vermengt… Er „erlangt physische Existenz durch seine Gesetztheit“ während er zugleich „vermittels seiner Geistigkeit reges Leben zur Schau stellt“, „durch seine Transformationen fantastischen Charakter erhält“, „den Geist durch seine Menschlichkeit aufklärt“ und „sich vermittels seiner Bewegung in kontrastierenden Linien aufspannt“, et cetera. (*Shitao*, Kapitel 18).

Doch kaum beginnen wir indes mit der Lektüre jenes Abschnittes, in welchem Shitao beschreibt, wie sich das Gebirge „unermüdlich“

der „Aufgaben" („Ämter", *ren*) annimmt, die es vom Himmel (der Natur) erhält, scheint uns sogleich irgendetwas einen unerwarteten Widerstand entgegensetzen. Aber wüsste man zu sagen was? Ich bin oftmals mit schwer zu zerstreuendem Unbehagen zu dieser Stelle zurückgegangen (Ryckmans kommentiert dieses letzte Kapitel im Übrigen beinahe gar nicht). Nun, wir sollten das Unbehagen bewusst nicht ignorieren: Wir sehen in jener Stelle nichts weiter als eine Personifikation – die uns als solche überzogen erscheint (ein „orientalischer" Manierismus?). Nun kommt dieses Geistige, das der Berg freisetzt, nicht von einer mystischen Verschmelzung (durch Verzicht auf das Prinzip der Individuation und Identifikation des Ich mit der Welt); noch ist es lediglich metaphorisch, durch Übertragung menschlicher Fähigkeiten und Gefühle in die Landschaft. Und eben hiermit gehen wir über Hegel hinaus, der lediglich einen ersten Schritt in diese Richtung gemacht hat. Die „Naturschönheit", so sagt es in der Tat Hegel, kommt „durch das Erregen von Stimmungen des Gemüts und durch Zusammenstimmen mit denselben" zustande[25]. Wenn er auch den Begriff des Geistes insoweit neu konfiguriert, dass er nicht länger den gesonderten Widerpart der Natur in ihm sieht, bleibt Hegel, wenn er sich mit der Landschaft befasst, nichtsdestoweniger bei der romantischen Konzeption von Projektion und „Sympathie" (das „Zusammenstimmen"): Die „Schönheit" hängt also von dem Echo ab, das die Innerlichkeit eines Subjekts im äußerlichen Schauspiel findet. Sie entsteht, anders gesagt, aus einer zweiten, zwischen dem Subjektiven und dem Objektiven wirksamen Vereinigung und Vermittlung, deren zugrundeliegende Opposition von Hegel hier soweit nicht aufgehoben wird. Im Gegensatz dazu wird in jener Konzeption, welche die *Kunst des Malens* im alten China entwickelt, das „Geistige" oder das „Leben" der Landschaft in keiner Weise „geliehen". Es wird, das habe ich bereits gesagt, durch die ihr eigentümlichen Spannungen *freigesetzt* und aktiviert, eben jene, welcher der Pinsel des Malers sich bedient, wenn er in seinem Strich der Lebensenergie eine Ausformung verleiht.[26]

Und so findet man in dieser *Kunst des Malens* gemeinhin an der Stelle des Schönen – allerdings ohne dass er hegemonial wird und den Anspruch erhebt, ein Konzept zu sein – einen Ausdruck, den man wörtlich am ehesten als „geistige Färbung" (*shen cai*) übersetzen könnte. Dieser benennt hier nichts anderes als die Art und Weise, in der das sinnlich Wahrnehmbare das Geistige „verbreitet" und „überträgt" (*chuan shen*); wie sich zugleich – in umgekehrter Richtung – das sinnlich Wahrnehmbare von jenem durchdringen und ausspannen lässt. Vergessen wir im Übrigen nicht, dass dieser Begriff in seiner Genese als Erstes dazu gedient hat, die vornehme, abgeklärte Aura einer Person zu evozieren, wie sie sich ihren geringsten Zügen einprägt und in ihrer gesamten Erscheinung freigesetzt wird, wodurch – als ein unerschöpflicher Reichtum – deren innere Qualität und Erhabenheit durchscheinen[27]. Von solcher Art ist auch der „Wind" (der mit dem Geist einen zweigliedrigen Ausdruck bildet: *feng-shen*), eines der ältesten chinesischen Bilder für das, was nicht wahrnehmbar zwischen den kleinsten Blättern hindurchweht, noch die kleinsten Grashalme beugend, und die gesamte Landschaft beseelt (*feng-jing*). In der Malerei verleihen namentlich die Nebel und die zarten Wolken, in denen sich Materialität und Opazität der Dinge kristallisieren, der Darstellung ihre „geistige Färbung".[28] Ob nun vom sich windenden Körper des Drachen die Rede ist, der undeutlich zwischen den Wolken sichtbar wird, oder vom Ansporn, der den Pinsel beseelt und seiner Linie ihre Ausdruckskraft verleiht[29], so sagt dieser Terminus jedenfalls, dass sich aus der Opazität, *wenn sie schmilzt*, das Unsichtbare als Aura ausbreitet und die sinnlich wahrnehmbare Manifestation irisiert: also nicht vom manifesten, offenliegenden (vulgären) Glanz, der sich, weder lebendig noch berührend, auf der Oberfläche ausdehnt und schnell erschöpft ist[30]; sondern von jenem, der auf diffuse – nicht beschränkte, nicht zugeordnete – Weise die Werte durchscheinen lässt, welche die Dinge beseelen.

Deshalb liest man auch an einer Stelle der *Kunst des Malens*, dass es zwar „einfach ist, die Form zu malen", allerdings „schwierig, die geistige Dimension abzubilden" (Yuan Wen[31]). Die Form, sagt man, entspricht der „physischen Gestalt" (*xing-ti* 形体), die geistige Dimension entspricht der „geistigen Färbung" (*shen-cai* 神彩). „Was die physische Gestalt des Menschen betrifft, so gelingt im Allgemeinen ihre Darstellung allen, die sich häufig genug in der Malerei üben; was jedoch die geistige Färbung betrifft, so gelingt ihre Darstellung nur, wenn man in seinem Innenleben den anderen überlegen ist." Selbst bei Gemälden von Pferden oder Blumen gibt es solche, die „durch die Form triumphieren" und solche, die „durch den Geist triumphieren"; solche, „die sich damit begnügen, die Gestalt nachzuzeichnen" und solche, die „Geistiges übermitteln". Man müsste noch präzisieren, was hier unter „Form" (*xing* 形) zu verstehen ist und was ich bisher meist als physische oder greifbare „Ausformung" beziehungsweise „Aktualisierung" wiedergegeben habe: Es handelt sich um Form im Sinn einer Formation von Energie, in der die Dynamik der Dinge, im Prozess ihres Werdens, gerinnt; nicht um jene modellhafte, ideelle, paradigmatische (ontologische) Form, auf die die Griechen das Schöne gegründet haben.

IX. Die Schönheit kommt von der Form

Tatsächlich, beim Betrachten der Entwurfszeichnungen des Leonardo, wenn man sieht, wie der Stift schrittweise, in immer neuen Versuchen, auf die Suche nach der Form gegangen ist, wie er weitläufig die Möglichkeiten erprobt hat, lange Zeit die volle Linie nur gestreift hat und schließlich bei der richtigen, passenden, definitiven Form geblieben ist, als habe sich diese plötzlich aufgezwungen, sodass ein Zurückkommen auf sie nunmehr nicht länger in Frage kommt, dann versteht man, dass die Griechen diesen Triumph der *Form* ohne Zögern zur Definition von Schönheit selbst gemacht haben; und das sie noch dazu in diesem Hervortreten der endgültigen Form, der idealen Form, den Zugang zu etwas ganz anderem gesehen haben: Plötzlich hat das Absolute Gestalt angenommen – so als könne es nur von anderswo kommen und habe bereits vor allen diesen Versuchen existiert; und als sei er plötzlich, nach so vielen vorbereitenden Versuchen, direkt darauf gestoßen, hat der Stift dessen Konturen in seinem Strich eingefangen. Wie eindeutig durch diesen plötzlichen, unbedingten Zwang alles vorausgehende Zögern verworfen wird... Nur er allein ist am Ende wirklich. Unterhalb dieses kaum merkbaren Unterschiedes, von einem Strich zum nächsten, zum letzten, zum äußersten, hat sich ein Graben geöffnet.

Denn die Form, bei der Leonardo schließlich geblieben ist, befriedigt nicht mehr lediglich durch ihren sinnlichen wahrnehmbaren Aspekt, durch das Optimum, welches sie in Hinblick auf Dimension, Proportion, Kurve oder Ausdehnung verwirklicht, vielmehr lässt sie uns, indem sie zu dem gelangt, was mit einem Schlag als unübertreffliche Perfektion hervortritt, effektiv in einen ganz anderen „Bereich" kippen. Es gibt da einen qualitativen Sprung, der aus dem unendlich Perfektionierbaren herausführt und, indem er mit einem Streich mit dem vorausgehenden Stammeln bricht, die schneidende Schärfe einer Wahrheit zum Vorschein bringt. Diese „blendet", sagt man in einer verbreiteten Metapher, die von den Griechen ererbt ist – doch inwieweit handelt es sich wirklich um eine Metapher, und kann man sie vermeiden? Denn wie soll man aussprechen, was sich plötzlich so abrupt, vermittels seiner Eindeutigkeit, aus allem Näherungsweisen (und folglich Relativen) herauslöst und sich als fremd zu erkennen gibt – und was man am besten „ideal" nennt? Diese ideale Form, die die Schönheit ausmacht, geht auf eine Notwendigkeit, die nichts mehr Empirisches hat, zurück, und hebt sich durch ihre „Klarheit" heraus, wobei sie alle anderen erprobten Möglichkeiten wie ebenso viele Schatten oder Spiegelbilder zurückweichen lässt, deren Unhaltbarkeit plötzlich krass zum Vorschein kommt. Sie gehört nicht mehr dem Werden an, sie ist einzig im Sein verankert. Sogar noch in der Zeichnung des verletzlichen Fleisches berührt sie das, was die Griechen „die Ewigkeit" genannt haben. Das gesamte ontologische Arsenal erhält dadurch plötzlich seine Rechtfertigung.

Denn mit einem Mal – und dies ist der Punkt, an dem sich die Schönheit abgrenzt, an dem man einhellig sagt: „Das ist schön", oder sich vielmehr nicht mehr zurückhalten kann, es zu sagen, es auszurufen – deckt sich das sinnlich Wahrnehmbare vollständig mit dem Verstehbaren, das eine überschneidet sich exakt mit dem anderen, und die beiden Ebenen richten sich aneinander aus. In dieser sinnlich wahrnehmbaren Form hat, wie durch einen Schlitz, das Jenseits des intellektuell Verstehbaren seinen Feuerhimmel verlassen, um sich zu manifestieren. Auch hat das, worauf die schöne Gestalt plötzlich ihre Hand gelegt hat, nichts mehr von einem Ding – einem partikulären, anekdotischen und grundsätzlich unbestimmten „Ding", wie es eben ohne Unterschied die Dinge sind – sondern „ist" eine *Essenz*. Diese ist isoliert vom kontinuierlichen Fluss der Aktualisierungen, die sich ohne Unterlass transformieren und neu konfigurieren. Tatsächlich führt die schöne Form zum *Stillstand*: Der Stift hat sein langwieriges Umhertasten beendet und kommt nicht mehr darüber hinaus. Ganz für sich allein zeugt die schöne Form von der Angemessenheit der Metaphysik und lässt deren „Hypothese" (von der Existenz zweier Ebenen) fruchtbar und nicht mehr unnatürlich erscheinen. Denn die Metaphysik ist in der Folge nicht mehr so sehr jene Interpretation der Welt, welche, die sinnliche Wahrnehmung verachtend und das Lebendige verleumdend (ihr berühmter Asketismus), uns durch ihren Dualismus so teuer zu stehen gekommen ist, und in die uns die Griechen hineinmanövriert haben, sondern sie wird notwendig, um von dieser Erfahrung Rechenschaft abzulegen: davon, dass aus diesem mühsamen, dem Zufall ausgelieferten Tasten heraus sich plötzlich eine Form aufzwingt, die jede andere ausschließt und endgültig das Zufällige hinter sich gelassen hat, deren Legitimität sich durch nichts verunreinigen noch auch nur in einen Maßstab setzen lässt. Aus diesem Grund behandelt die Metaphysik die Schönheit als essentiell, und nicht als ein Thema unter anderen. – Die Griechen (Plotin) haben diese Wahrheit für uns erhellt.

Die Philosophie des Schönen hat sich in Griechenland in der Konzeption einer *Form* entwickelt, die zugleich *Essenz-Idee*, *eidos*, ist, und mit welcher der Künstler das Konkrete in Übereinstimmung zu bringen versucht, indem er sie als Modell nimmt. Plotin macht daraus eine Leitthese. Im Widerspruch zu den Stoikern, denen zufolge die Schönheit nur vom rechten Verhältnis und der „Symmetrie" der Teile untereinander ausgeht, sagt Plotin im Grunde, dass die Schönheit, und insbesondere die Schönheit der Körper, einzig auf dem „Teilhaben" an dieser Form-Idee (*metoche eidous*) beruhen kann (*Enneades* I, 6). Dagegen ist all das hässlich „was nicht von einer Form und einem vernünftigen Grund bestimmt wird": Form und Vernunft treten als Paar auf (*eidos-logos*), da sie ja denselben Anspruch bezeichnen, welcher von einer jenseits des sinnlich Wahrnehmbaren liegenden und jenes in-formierenden Kohärenz herrührt. „Indem nun die Idee herantritt, fasst sie das, was aus vielen Teilen durch Zusammensetzung zu einer Einheit werden soll, zusammen" (ebenda). An anderer Stelle wird wiederum die Meinung vertreten, dass die Dinge schön sind, wenn sie einer als Regel dienenden, „kanonischen" Form entsprechen, die man in seinem Geist entdeckt: der Künstler gibt sich damit zufrieden, das ihm äußerliche Haus jener Form des Hauses „anzupassen", die sich in ihm befindet, um es für schön zu erklären. Denn das äußere Dasein des Hauses ist selbst, „wenn man die Steine von ihm abzieht", nichts anderes als diese innere Form, eine „durch die Masse der Materie gegliederte“ und „in dieser Vielheit ihr unteilbares Wesen manifestierende“ Form-Idee.

Und ebenso verhält es sich auch schon bei den Naturschönheiten. Wird nicht traditionell die „Form“ der „Farbe“ gegenübergestellt? Nun rührt selbst die Schönheit einer einfachen Farbe von einer „Gestaltung“ (*morphe*) her, welche die der Materie anhaftende Dunkelheit dominiert; und, durch sie vermittelt, von der Anwesenheit eines „unkörperlichen Lichts“, welches „Ursache und Form“ ist, *logos-eidos* (ebenda I, 6, 3). Von allen Körpern steht dem das Feuer am nächsten, da es am schönsten ist, am meisten Helligkeit erzeugt, und, nicht verunreinigbar, „dem Unkörperlichen nahekommt“. Und auch mit den Klängen verhält es sich nicht anders: Klänge sind schön in ihren Zahlen und Abmessungen, insoweit sie dem souveränen Wirken der Form unterworfen sind, deren Harmonie nicht mehr dem sinnlich Wahrnehmbaren angehört. „Was ist nun aber die Schönheit?“, wird man wieder und wieder hartnäckig fragen, mit der Absicht, sie besser zu isolieren. Man wird sie gewiss nicht im Fleisch finden, antwortet Plotin, „weder im Blut noch im Monatsfluss“, noch auch in der Hautfarbe, die bei jedem anders ist; selbst in der körperlichen Form nicht, der bloßen Kontur (*schema*), wiewohl es notwendig ist, die innere Geformtheit des Schönen, die Form des Verstehbaren, die Form als Idee, von der bloßen Gestalt zu unterscheiden. Denn (erinnern wir uns an Platon) die Schönheit „hat keine Gestalt“, insofern eine solche sie zwangsweise auf das Äußerliche, Partielle, Relative reduzieren würde (sie ist *a-schemon*); vielmehr „umfängt“ sie in ihrer Einfachheit diffuses „Material“, um es auszugestalten.

Gleichermaßen geht es auch mit der Kunst im Allgemeinen. Denn als Erster im Abendland versteht Plotin die Kunst als dem Schönen geweiht. Gegen die (platonischen) Idee, dass die Künste bloße Nachahmungen der Natur seien, macht er in entscheidender Weise geltend, dass die Künste auf jene „vernünftigen Gründe“ – *logoi* – zurückführen können, aus denen die Natur selbst hervorgegangen ist, und dass sie in sich selbst Schönheit besitzen (*Enneades*, V, 8, 1). Doch woher kommt die Schönheit der Kunst? Die Statue ist nicht schön, weil sie ein Stein ist, antwortet Plotin, sondern vermittels der Form, die der Künstler in seinem Geist sieht und in diesen hineinlegt. Soweit es ihm dieses Hineinlegen gelingt. Denn „es gab in der Kunst eine weit höhere Schönheit“ (ebenda); je mehr sie materiell wird, indem sie sich im Raum ausdehnt und veräußerlicht, desto mehr wird sie abgeschwächt. Was ist die Kunst gemäß diesem Bild, das zur Matrize werden und das europäische Denken beherrschen soll, wenn nicht der erbitterte, dramatische Kampf, den jeder Künstler führen muss, um die reine Form über diese „formlose“ Materie, eine opake und schattendunkle, widerständige Materie, triumphieren zu lassen und diese obskure „Masse“ ihrem Licht und ihrer Transparenz (*eidos/onkos*) zu unterwerfen?

So erhellt sich Schritt für Schritt, vermittels aufeinanderfolgender Bildeinstellungen, die uns allmählich ein Zurechtfinden ermöglichen, jener Unterschied, in den wir vorzudringen begonnen haben und den wir nicht mit einem Mal ermessen konnten (der Dialog zwischen China und Griechenland, so habe ich zu Beginn gewarnt, muss erst konstruiert werden). Vielleicht ist sogar bereits genug darüber gesagt worden, um die Zweideutigkeit aufheben können, welche in der Auffassung der „Form“ aufgetreten ist. Denn was ist es letztlich, was die Form-Idee der Griechen (*eidos*) in einen Gegensatz zur Form als Ausformung von Energie (*xing*) stellt, wie sie in China verstanden wird? Als Erstes, dass jene eine getrennte, vollständige und von der sie beherbergenden Materie unabhängige Existenz hat; des Weiteren, dass sie, anstatt sich als vorübergehende Formation zu ereignen, *da ist*, eins, ewig und wahr – alle Attribute der Metaphysik lassen sich auf sie anwenden. Da die Schönheit ganz und gar auf der Seite einer solchen „Form“ steht, teilt uns diese Form ihrerseits mit, was an der Schönheit isolierbar ist und ihr wesentlich zukommt. Dass es sich hierbei um eine gemeingriechische Entscheidung handelt, um etwas, was ich einen *Umschlag* nenne, der die Debatte zwischen den einzelnen Schulen weitgehend umschließt und diese zweitrangig erscheinen lässt, bestätigt sich dadurch, dass die Griechen niemals davon abgegangen sind. Denn wenn er auch nicht mehr an die Existenz von Formen glaubt, die vom sinnlich Wahrnehmbaren getrennt sind, erhält Aristoteles nichtsdestoweniger den Status dieser metaphysischen Form aufrecht, die das Sein begründet: Sie ist weder erzeugt noch verderblich, wird vielmehr identisch vom Erzeuger zum Gezeugten übermittelt, und ist als solche unveränderlich (sodass sie sich mit der „Washeit" vermengt, *Metaphysik*, *Zeta*, 3–8). Wiewohl sie sich nicht vom Individuum ablösen lässt, ist eine solche Form dennoch nichts Individuelles, sondern bleibt eine ideelle Konfiguration, *schema tes ideas*. Nun sagt auch Aristoteles, dass zugleich alles, was im Individuum wirklich ist, durch diese Form-Idee konstituiert wird, die somit auf unmittelbarere Weise Substanz ist als das Individuum selbst, insofern dieses aus Materie und Form zusammengesetzt ist. Beziehen wir dies nun auf die Kunst, und zuerst auf jene der Bildhauerei, die für die Griechen den Wert eines Modells besitzt: Es ist tatsächlich eine solche endgültige Form, die in der Seele des Künstlers bereits vor ihrem Eingehen in die Materie vorhanden ist, die als die wirksame – und hinreichende – „Ursache" für die Statue betrachtet wird.

Die Griechen lehren uns also zuerst Folgendes: Wenn wir eine Statue ansehen und zu dem Urteil kommen, dass sie „schön" ist, wollen wir damit sagen, dass wir in Betrachtung ihrer sinnlich wahrnehmbaren Gestalt anerkennen, dass sie nicht dem sinnlich Wahrnehmbaren angehört. Ihre Form löst sie aus der Zerstreutheit des sinnlich Wahrnehmbaren heraus und befördert sie auf eine andere Ebene (jene des „Seins", des „Ewigen", des „durch den Verstand Fassbaren"). Denn indem dieses sinnlich Wahrnehmbare abgegrenzt, indem es umrissen und eingedämmt wird, wie es der Meißel oder die gezeichnete Linie tun, offenbart die Form die Unterwerfung des sinnlich Wahrnehmbaren unter die Idee, die selbst nichts anderes als Abgrenzung und „Definition" (*horismos*) ist: In dieser Hinsicht ist die Idee in letzter Konsequenz „Form". Die Schönheit der Statue steht in direktem Verhältnis zu dieser Unterwerfung, oder vielmehr ist die Statue nur dann wahrhaft schön, wenn nichts mehr die Weisung und Beschränkung durch die Form-Idee behindern kann. Die „Form" lässt also von innen her, wie *species* oder *forma* im Latein des Augustinus, diese zwei Ebenen, (ideelle) Form-Definition und (materielle) Form-Kontur, miteinander kommunizieren, verbindet den ästhetischen (plastischen) mit dem ontologischen Sinn, *eidos* mit *schema*: sie steht zwischen der durch die Harmonie der Teile untereinander, *concordia partium*, konstituierten Form, bei der die

Stoiker zu Unrecht stehengeblieben sind, und der in-formierenden, kennzeichnenden Einheitsform (*forma unitatis*), die jener zugrunde liegt und sie als solche aus der dem sinnlich Wahrnehmbaren inhärenten Wirrnis heraustreten lässt. Eben weil die „Form" uns im Kreis vom einen zum anderen schickt, kann das Schöne vermittels der Form das sinnlich Wahrnehmbare mit dem durch den Verstand Erfassbaren verbinden, das eine aus dem anderen heraus entstehen lassen und seine – strukturbedingte – Rolle als Vermittler ausfüllen.

Die klassische Philosophie wird sich weiterhin an diese zwei Blickwinkel halten – auch hier gibt es wohl eine „Tradition", so schwierig zu bewegen, ungeachtet dessen, was der Gesichtspunkt einer Operationalität des Subjekts an Neuem freilegt. Einerseits indem die Form der „Materie" gegenübergestellt wird, die als unwürdig, bei der Beurteilung des Schönen eine Rolle zu spielen, verworfen wird; andererseits indem die Form von der „Figur" unterschieden wird, die bloß eine äußerliche und partielle Manifestation ist. Gehen wir noch einmal zu jenen kantischen Distinktionen zurück, durch welche sich die Form entsprechend auf beiden Seiten abgrenzt („Analytik des Schönen", § 10–17). Einerseits kann, während die Materie der Sinneswahrnehmung nur ein Gefühl des Angenehmen oder eine „Anziehung" hervorbringt, die als solche aufgrund ihres interessierten Charakters dem Schönen äußerlich bleiben, die Beurteilung des Schönen nur „rein" sein, das heißt nicht empirisch, wenn sie auf Grundlage seiner „Form" erfolgt, die es als Einzige universell mitteilbar macht. Andererseits beschränkt sich die Form nicht auf die „Figur": Sie geht über deren Grenzen hinaus, indem sie sich gleichfalls auf das „Spiel" von Figuren oder Sinneswahrnehmungen erstreckt, sowohl im Raum als auch in der Zeit (Gebärdenspiel, Tanz und Musik), was bedeutet, dass sie nicht von einem Entwurf sondern von einer Komposition herrührt; und vor allem wird die Form, insofern sie eine Repräsentation des Geistes ist, als Prinzip der Zusammenbindung und Vereinheitlichung des Vielfältigen (jenes der Wahrnehmung) herausgearbeitet und konstituiert, und zwar entsprechend der schematisierenden Wirkung der Vorstellung (in Zusammenhang mit dem Verstand): Sie kann sich also nicht auf ihre bloße Manifestation als Phänomen beschränken. Auch unterscheidet die auf die eine oder andere Art aus der Form bezogene Befriedigung das Schöne in förderlicher Weise vom sinnlichen Genuss, schließt Kant.

Noch mehr (der Punkt, mit dem Kant sich am meisten beschäftigt): Wenn die Autonomie des Schönen (und damit der Kunst) gesichert werden soll, dann kann die Zweckmäßigkeit des Schönen nicht auf ein subjektives Ziel gerichtet sein, da ein solches es sofort ins „Angenehme" (das von der Materie und der Sinneswahrnehmung herrührt) abgleiten ließe; noch auch auf einen objektiven Zweck, da ein solcher ein Konzept und in der Folge eine Beteiligung der Erkenntnis implizieren und zu einer Vermengung mit dem „Guten" und der Vollkommenheit führen würde. Nun kehrt Kant, um dieser Alternative zu entgehen und etwas zu denken, was folglich eine „Zweckmäßigkeit ohne Zweck" sein muss, ein weiteres Mal zu den Vorzügen des Formalen zurück: Das Schöne kann nichts anderes sein als „Form der Zweckmäßigkeit", die als solche von jedem festgelegten Zweck frei ist, da ein solcher unvermeidlich die hervorgerufene Genugtuung, auf der einen oder der anderen Seite, wieder ins „Interessierte" zurückfallen ließe. Man sieht also, wie das Schöne neuerlich an allen Fronten von der Form gerettet wird, indem diese es auf seine Essenz reduziert und geradezu mit Besessenheit vor jeder Korruption oder Vermengung bewahrt. Sie isoliert es und hält es *rein*. Eine solche „Reinheit" liegt wohl seit den Griechen der Schönheit zugrunde. Auch muss die Schönheit sogar aus dem Blickpunkt ihrer Objekte frei bleiben, „vage", sagt uns Kant, nicht „fixiert": So groß ist die Notwendigkeit, ihre Unabhängigkeit von all dem zu bewahren, was sie einer Bedingtheit unterwerfen würde. So essentiell bleibt es wohl für das Schöne, sich vor all dem zu schützen, wodurch es sich im Anderen verstricken könnte: vor der Ordnung der Neigungen, der Einflüsse, der Gebräuche, der Funktionen und sogar, darauf legt Kant wert, vor der Emotion. Vermittels der *Form* geistert das Schöne durch die Welt, ohne sich in ihr zu kompromittieren – vielleicht sogar, ohne ihr innezuwohnen; jedenfalls ohne sich in sie zu integrieren. Es bleibt ihr fremd.

X. Oder: Die Transformation n

Die Griechen haben also von der „schönen" Form geträumt, wie sie sich jenseits der Verwirrung und der Unbestimmtheit des sinnlich Wahrnehmbaren offenbart, „metaphysisch" im eigentlichen Sinn: einer Form, die durch ihre Angemessenheit siegreich aus dem Ungefähr der Dinge hervortritt, die sich allein durch ihre intellektuell fassbaren Bestimmungen aufzwingt, die, einmal aufgetaucht, unveränderlich ist, voll und ganz „seiend". Zu welchem Resultat kann dieses „Umhüllen" der Materie durch die Form führen – explosionsartig, da Sprengstoffe in Kontakt gebracht werden –, wo die beiden einander doch entgegengesetzt sind? Denn in diese Abstraktion der reinen Form haben die Griechen nichts Geringeres projiziert als den Trieb des philosophischen *erôs*, der sich bemüht, auf der Erde und im Fleisch Besitz von dieser ideellen Projektion zu erlangen. Als könnte der Künstler, über die undurchsichtige Finsternis triumphierend, in dieser Form endlich den so ersehnten Körper des Göttlichen festhalten. Plotin: „Phidias hatte, als er seinen Zeus schuf, nichts sinnlich Wahrnehmbares im Blick, sondern nahm ihn so, wie er wohl wäre, wenn er sich dazu herabließe, für unsere Augen sichtbar zu erscheinen" (*Enneades* V, 8, 1). Selbst jene äußerst flüchtigen oder geradezu unmöglichen Posen, in den kurzlebigsten Momenten: Der Athlet, der sich emporschwingt, um den Diskus zu schleudern, oder das in stetem Wandel begriffene Spiel des Tageslichts auf der Kathedrale – die Kunst macht sie „schön", indem sie sie festhält (sie verewigt). So wie Midas Gold macht, so macht das Schöne vermittels der Form aus allem, womit es in Berührung kommt, Essenz; und weil die Form unabhängig von der sinnlich wahrnehmbaren Materie über diese Eigenschaft verfügt, kann man das Schöne *isolieren*.

Man betrachte nun also das, was man in allzu konventioneller (substantieller) Weise das „Reale“ nennt (*res*: die „Sache“), nicht mehr mit Blick auf ein dem Werden fremdes und daher nicht korrumpierbares Sein, sondern als Energie, die sich dank der Kohärenz jener Faktoren, die sie im Inneren regulieren (*qi* und *li*, das große chinesische Binom), ohne Unterlass erneuert. Das, was man gemeinhin mit „Form“ übersetzt (*xing*) ist also nur noch eine vorübergehende Ausformung, die sich „zusammensetzt“ und „zerstreut“ (*ju/san* 聚散), aus der ursprünglichen Unterschiedslosigkeit hervortritt und wieder in sie zurücksinkt: die zwischen der verdinglichenden Konkretion und der belebenden Expansion oszilliert; zwischen Verdichtung und Ausklärung; zwischen Verdunklung und Aufhellung – man hat nun nur noch mit *Übergängen* von einem Stadium zum anderen zu tun. Es steht nun nicht mehr auf der einen Seite die Dunkelheit der Materie und auf der anderen das ewige Licht, wie es die Form verbreitet. Wie, und wovon, lässt sich diese Zusammenballung von Energie isolieren? Sie ist nicht die Manifestation einer außerhalb der Welt stehenden Ordnung. Wenn es in ihr denn eine „Kohärenz“ gibt, ist diese im eigentlichen Wortsinn aufzufassen als das, was dieser konzentrierte Energie Zusammenhang gibt und durch den Ausgleich der implizierten Faktoren, *yin* und *yang*, ihre Entfaltung aufrechterhält, gleichviel, ob es sich nun um das Wesen des Menschen oder um das des Gebirges handelt. Da sie sich von nichts absondern lässt, und sei es nur im Gedanken, wie sollte man ihr da einen eigentümlichen Status entlocken, dessen Normativität endgültig wäre und auf dem man das Schöne befestigen könnte? Wir haben den Bereich der Ontologie verlassen und finden keine – für sich selbst bestehenden – Formen mehr vor, sondern nur noch Phänomene der Trans-Formation.

Malen heißt in China also, durch das hindurch, was sich ausbreitet und verdinglicht, den inneren Prozess sichtbar zu machen, der zu seinem Entstehen und seinen Mutationen führt, wobei so seine „geistige“ Dimension freigesetzt wird: Dabei werden nicht mehr Eigenschaften wahrnehmbar gemacht, sondern Möglichkeiten; nicht mehr das Erfinderische einer Komposition („Symmetrie“, Proportionen, und im Hintergrund die Geometrie), sondern Interaktionen, in denen ein Strich den anderen durch „Anziehung und

Abstoßung“ (*xiang-bei*) hervorbringt. Nicht mehr, indem Kontraste und Komplementaritäten hervorgehoben werden, sondern indem man Polaritäten spielen lässt (technischer ausgedrückt, in Anlehnung an das in China klassische Binom: indem man vermittels des „Körperlichen“ die „Funktion“ zum Vorschein bringt: *ti/yong*). Der folgende Satz, den ich von einem Gelehrten der Song-Dynastie (Qian Wenshi[32]) übernehme, genügt wohl, um das Wesentliche zum Ausdruck zu bringen: „Der Berg im Regen oder der Berg bei klarem Wetter sind für den Maler leicht abzubilden.“ Tatsächlich ist alles Festgelegte und Stabilisierte, alles mit markanten und ausgeprägten Zügen Versehene, versteinert und von geringem Interesse. „Doch der Übergang vom schönen Wetter zum Regen, oder die allmähliche Rückkehr des schönen Wetters nach einem Regenguss (*ji* 霁 bezeichnet mit einem Wort, wie sich der Himmel mit dem Nachlassen des Regens wieder klärt); die Einkehr des Abends inmitten der Nebel, (wenn) das Verstreute sich neuerlich sammelt; dass die Dinge in die Unbestimmtheit absinken: hervortretend/eintauchend, zwischen Vorhandensein und Nichtvorhandensein – all das nun ist es, was sich nur schwer abbilden lässt“. „Leicht“ und „schwer“ markieren hier eine Abstufung. Viel eher als deutlich begrenzte Zustände abzubilden, die zugleich kontrastieren und einen Gegensatz bilden, immer der Gefahr ausgesetzt, ins Klischeehafte abzugleiten: im Regen oder bei schönem Wetter, oder im hellen Licht des Mittags –, malt der chinesische Maler Modifikationen: *zwischen* Auseinanderfließen und Konzentration; zwischen dem Auftauchen, das verdeutlicht, und dem Eintauchen, das verschwimmen lässt; zwischen dem „Vorhandensein“ der Ausformung und dem „Nichtvorhandensein“ der Rückkehr ins Unterschiedslose (*you/wu* 有无). Keine Form verleiht Stabilität, kein *eidos* wird isoliert: Wovon könnte sich das „Schöne“ also ablösen, um inmitten dieses kontinuierlichen *Verlaufens* ein eigenes „Sein“ zu behaupten?

Deshalb malt der chinesische Maler nicht eine Landschaft, wie sie sich der Wahrnehmung präsentieren würde, sondern vielmehr die „Spannungen“, die bei der „Konfiguration“ einer jeden Landschaft am Werk sind (die Vorstellung von *xing-shi*), von denen diese ihre Kohärenz und ihre Belebtheit bezieht. Man muss Maß nehmen am Himmel und an der Erde, sagt Shitao, sowohl von der „Höhe“ und

„Reinheit" des Ersten wie von der „Weite" und „Beständigkeit" der Zweiten, „um in der Lage zu sein, das Unbegreifliche der Berge und Wasser umzugestalten und zu wandeln" (*bian-hua shan-chuan zhi bu ce*, Kapitel 8). Eine Landschaft ist folglich niemals ein Winkel Natur, sondern konzentriert in sich das Spiel der Gegensätze und Komplementaritäten, welche, bis zu ihrem größten Maßstab hin, die Dinge der Welt dazu führen, sich zu verteilen und zu erneuern. Denn was ist eine Landschaft anderes als die unerschöpfliche Quelle von Transformationen, welche die Variationen der Tusche und die Wandlungen des Pinsels herauszubringen und auszudrücken versuchen? Im Übrigen trifft es das Verb „ausloten" (*ce*) ganz wesentlich: Der Maler erkundet vermittels der unterschiedlichen Formationen, die unter seinem Pinsel entstehen, die bodenlose Fülle, aus der sie ohne Unterlass herausströmen. Er will keine Wahrheit daraus ziehen, ob sinnlich oder konstruktiv (von den Impressionisten bis zu Cézanne), noch will er eine harmonische und „schöne" Qualität – Tonalität – über die Materialität der Dinge triumphieren lassen, denn Schönheit ist immer *resultativ*: Sie ist die Vollendung ebenso vieler andeutungsweiser Versuche, und erhebt den letzten und endgültigen Zustand ins Zeitlose. Vielmehr erlaubt uns der Maler, so sagt Shitao, vermittels des fortdauernden Schöpfungsprozesses in der Figuration das „Leben" in seiner Prachtentfaltung zu erfahren.

Es ist wahr, dass man des Weiteren den Unterschied in den Mitteln nicht außer Acht lassen darf: Es bilden nicht Form und Farbe (*schema/chrôma*) sondern „Tusche und Pinsel" ein Paar, dessen Komplementarität in der Folge schöpferisch wirkt – neuerlich ein Polarität. Nicht die Farbe, eine pastöse, dickflüssige Substanz, sondern die mehr oder weniger verdünnte Tusche, die zwischen hell und dunkel variiert und auf diffuse Art, als Aura, aufgesogen wird; nicht die durch die entwerfende Absicht bereinigte und ideal gewordene Form, sondern der Pinsel mit seiner biegsamen Spitze, die ständig in die eine oder die andere Richtung oszilliert – mit Nachdruck oder leicht angehoben, aufspringend oder zusammengekauert, sich krümmend oder zugespitzt, von einer „vollen Hand" geführt, die ihr Schwere verleiht, oder von einer „leeren Hand", die sie „fliegen und tanzen" lässt – und die niemals ihren Strich wiederholt. Indem er rastlos seinen Verlauf „modifiziert", um seine Dynamik zu erneuern und nach vorwärts „fortzuführen“ (*bian-tong* 变通), entgeht dieser „kreisende und ausschwenkende“ Pinsel der Verwicklung in das, was sich unvermeidlich als „Materialität“ oder vollständig aktualisierte und erstarrte „Form“ herausstellen würde (*bu zhi bu xing*[33]).

Über Huang Gongwang: „Seinen Tuschbildern, seinen Auren aus Tusche gelingt es in bewundernswerter Weise, das Wirken der natürlichen Transformation festzuhalten“; oder über Ni Zan: „Vom Wechsel zwischen dem Dichten und dem Spärlichen“, „dem Dunklen und dem Verdünnten“, strahlt „in alle Richtungen Veränderung-Transformation“ aus[34]. Oder auch: Ein meisterhafter Maler unterscheidet sich von einem gewöhnlichen Maler dadurch, dass er sich nicht damit begnügt, seinen Fleiß auf den Einsatz von Tusche und Pinsel zu verwenden, sondern „das eine wie das andere zu transformieren weiß“, sodass, wiewohl der Maler an jeder einzelnen Stelle große Mühe aufgewendet und alle Regeln eingehalten hat, man im Nachhinein doch nur mehr ein „Dispositiv der Transformation“ wahrnimmt (so würde ich am präzisesten *hua ji* wiedergeben); damit ist der „Gipfelpunkt der Malerei“ erreicht[35]. Im Ausdruck *Dispositiv* der/in *Transformation* wird deutlich, was die Originalität dieser Malkunst der Gelehrten ausmacht. Sie setzt ein Gefühl von „Lebendigkeit“ frei, so teilt man uns nochmals und immerzu mit; nicht das Schöne sondern – man wird es sich ständig in Erinnerung halten müssen – eine „geistige“ Dimension (*shen-ming*[36]).

Andernfalls könnte man sich über die folgende Definition des *Shitao* wundern, die man wörtlich lesen sollte: Die Malerei ist „unter dem Himmel“, das heißt auf der Welt, „ein bedeutendes Richtmaß für Modifikation und Fortführung“ (Kapitel 3). Denn die Malerei erlaubt es, indem sie vom elementaren ersten Pinselstrich ausgeht und ihn bis in die Unendlichkeit „modifiziert“, die äußerste Vielfalt der Dinge nunmehr ohne jedes Stereotyp abzubilden; so wie auch, durch Zurückkommen auf diesen ursprünglichen Strich, die zugrundeliegende Einheit in eine neue Quelle für den figurierenden Schöpfungsprozess zu „transformieren“. Die beiden Begriffe „Modifikation“ und „Transformation“ bilden ein Paar (ebenda, Kapitel 6 und 7). Insofern sich der Maler aus der Verstrickung ins Gewöhnliche löst, ist er fähig zur „Modifikation“; ebenso wie er durch seine Befreiung aus dem Gefangensein in der Opazität zur „Transformation“ fähig wird (ebenda, Kapitel 16). Oder weiter: Der Himmel schenkt dem Menschen zwar jenen ersten Strich, der in die ursprüngliche Wirrnis hineinschneidet, doch schenkt er ihm darum nicht auch dessen „Modifikation“, welche zu entwickeln dem Menschen zukommt (ebenda, Kapitel 17). Der Übersetzer (Pierre Ryckmans) geht fehl, hier „modifizieren“ und „transformieren“ jedes Mal mit „Schöpfung“ wiederzugeben[37]. Denn indem man auf diese abendländische Vorstellung der Schöpfung zurückgreift, unterstellt man neuerlich, dass der Übergang vom Nicht-Sein zum Sein stattfindet, indem man die festen Formen der Dinge ausgestaltet, deren daraus resultierende Vielfalt in der Folge die Schönheit der Welt ausmacht; wohingegen der Prozess fortgesetzter Zeugung, den uns die Chinesen hier beschreiben, ob es sich nun um den Lauf der Welt handelt oder um den Strich des Pinsels, die Variation durch Abwechslung zur hinreichenden Bedingung für jedes Entstehen macht.

XI. Varietät oder Varianz

Es gibt allerdings sehr wohl auch in Europa selbst eine andere Partei als jene, die alles „Schöne" als Verkörperung einer idealen Form betrachtet (Platon – Plotin). Diese hält sich an den phänomenalen Aspekt der Dinge, ohne ihnen ein Jenseits zu „unterstellen", und entzieht damit der Schönheit ihren metaphysischen Sockel: Die Schönheit entwickelt sich also an der Oberfläche; sie gewinnt in der Weite und Vielfalt an Ausdehnung und ist in der sinnlich wahrnehmbaren Manifestation vollständig gegeben. Tatsächlich multipliziert diese sie sogar: In diesem Fall wird man sie als „Varietät" definieren. Indem sie die unzähligen Verwerfungen des sinnlich Wahrnehmbaren auffaltet, durchbricht die Varietät dessen Monotonie: ohne sich länger auf eine transzendente Norm zu beziehen, sondern allein durch die innere Unterschiedenheit, die sie in ihm erzeugt. Denn sie fängt den Blick ein und bindet ihn an das Sichtbare, indem sie ihn eine Erscheinung entlangführt, die ihn, weil sie sich fortwährend selbst erneuert, immerzu überraschen kann. Wenn man seine Aufmerksamkeit auf die Ziselierung eines Blattes oder die Grünschattierungen einer Wiese lenkt, wird man nicht müde werden, den Einfallsreichtum einer unbeschreiblich erfinderischen Natur zu bewundern.

Aus dieser wahrhaft unversieglichen Quelle freudigen Erstaunens haben die Stoiker ohne Zögern geschöpft, und sie ziehen sie sogar als Argument heran, wenn sie als erste, der Metaphysik zuwiderlaufend, eine phänomenologische Annäherung an das Wesen der Welt und des Geschehens in ihr entwickeln. Die „Varietät" (*poikilia*; sie selbst unterrichten in der *stoa poikile*), wie sie die größtmögliche Anzahl von Formen und Farben hervorbringt, ist für Chrysippus vom Schönen nicht zu trennen. In ihrer Breite manifestiert sie die

Fülle einer Welt, die andernfalls, durch ständige Wiederholung desselben, bloß plattes „Auffüllen", freudloses Aufstapeln wäre. Erstreckt sich ein solch schillerndes Spiel der Differenzen nicht von den Farben der Planeten über die unterschiedlichen Farbtöne der Herbstvegetation bis zu den bunten Schecken der Nebride des Pan (Cornutus)? Bei Cicero reicht die *varietas* der irdischen Fauna und Flora in ihrer Verschwendung aus, den Großmut der Götter zu offenbaren.

Und genau dieser Aspekt wird in der klassischen Philosophie unausbleiblich von den schottischen Empiristen entwickelt, insofern sie originelle Schönheit nicht mehr durch eine Erhebung zur Reinheit der Form sondern durch eine innerhalb des sinnlich Wahrnehmbaren aufgestellte Gleichung definieren: zwischen Gleichförmigkeit und Varietät (*uniformity amidst variety*, heißt es bei Hutcheson[38]). Indem sie also unter Berufung auf das „Angenehme" allein urteilen: Wenn die Einförmigkeit der Körper dieselbe ist, wird die Schönheit zur Funktion der Varietät, die diese Gleichförmigkeit zur Geltung bringt; gemeinsam definieren die beiden durch ihre „quasi mathematische" Zusammensetzung hinreichend, von wo die Anziehung herrührt. Dies lässt sich auch schon bei den geometrischen Figuren feststellen: Ihre Schönheit vergrößert sich mit der Anzahl der Seiten, zumindest solange ihre Proportionen noch beobachtbar sind. Oder man nimmt neuerlich die Schönheit des Universums zum Zeugen, die eine „ebenso regelmäßige wie angenehme Vielfalt" aufweist, und zwar bis in die Umlaufbahnen der Planten hinein: sodass der Astronom, wenn er sich seinen langwierigen Berechnungen widmet, von diesen ganz und gar bezaubert wird. Auf der Erde wiederum, die „auf so schöne Weise vielfältig" ist, reicht es aus, die „unterschiedlichen Abstufungen" von Schatten und Licht zu beobachten, während man dem Auf und Ab ihres Reliefs folgt.

Man darf sich allerdings nicht durch dieses wohlüberlegte und wiederholte Eintauchen in die Rhapsodie der Sinne und dieses Schillern des sinnlich Wahrnehmbaren täuschen lassen. Denn die Varietät mag wohl als ein dem Sinnlichen innewohnender Reichtum aufgefasst werden und dem Ding keinen begründenden Hintergrund mehr unterstellen, doch sie erhält nichtsdestoweniger einen Sockel aufrecht, der die Identität des Dings ausmacht: „ein Ding" – *ti, something* – hat sehr wohl sein ihm eigentliches und definitives Wesen (eine Blume oder der menschliche Körper), dessen mögliche Formen- und Farbenvielfalt die Varietät *erst in der Folge* durch das Aufschlagen ihres Fächers sichtbar macht, um das Stereotype zu vermeiden. Das bedeutet, dass die *Varietät*, die dieser Welt eigen ist und zu ihrer Entfaltung führt, zwar keine metaphysische Essenz mehr unterstellt und sich sogar zugutehält, sich nicht mehr auf eine Hinter-Welt zu berufen, gleichwohl aber eine Essenz per Definition – anders gesagt eine „logische" Essenz – voraussetzt, nämlich jene der einheitlichen Gattung, die sich in ihr diversifiziert: Wieder einmal lässt sich feststellen, dass die „Logik" nicht neutral ist, sondern das Onto-logische mitversteht. Diesbezüglich manifestiert sich die Varietät in der Ordnung der Zugehörigkeit, des Attributs und der Eigenschaft; und sie erstreckt sich tatsächlich nur auf die sekundären Qualitäten: Sie ist eine Eigenschaft, die sich in dem Maße enthüllt, wie die übrigen Bestimmungen ihre Ausschließlichkeit aufheben und etwas frei und unbestimmt lassen. Diese Vielfalt aber, so breit sie sich auch erstreckt, durchbricht darum nicht die Dauerhaftigkeit der primären Eigenschaften, die die Gattung definieren, die unverletzlich und von Anfang an gegeben sind.

Dem würde ich die „Varianz" gegenüberstellen. Ich werde als *Varianz* jene Varietät bezeichnen, in der sich diese Essenz des Dinges zerstreut: Wenn der phänomenalistische Ansatz noch einen Schritt weitergeht und die letzten Haltestricke zur „Washeit" durchschnitten werden – sodass man in der Folge außerhalb der Ontologie navigiert oder, wenn man so möchte, vagiert. Gerade ihrer, das lässt sich unschwer erraten, bedient sich die chinesische Malerei, die sich der „Modifikation-Transformation" verschrieben hat, mit Vorliebe; womit sie sich ein weiteres Mal von der Schönheit entfernt.

Nehmen wir einen/den Berg. Oder beginnen wir besser damit, den Artikel zu entfernen (wobei es kaum von Bedeutung ist, ob den bestimmten oder den unbestimmten), welchen das Chinesische nicht kennt und der bereits individualisiert, eine Essenz sich profilieren lässt. „Berg" (*shan*): Welche Relevanz kann man dieser Benennung noch beimessen, wenn die Unterscheidung nicht länger auf Basis dauerhafter Züge erfolgt, die ihm eine Identität „unterstellen"? Bei

Guo Xi (11. Jahrhundert) nämlich, einem der größten chinesischen Maler und Theoretiker, bildet „Berg" lediglich den Rahmen für ein Inventar dessen, was ich soeben als *Varianz* benannt habe. „Berg" ist bei ihm nicht Essenz, sondern *Rubrik* (im Sinn der chinesischen Neigung zur Gliederung, die die Entwicklung des Konzepts gezügelt hat, indem sie die „Worte" direkt mit den „Dingen" verbindet, *ming-shi*). Tatsächlich begnügt sich dieser Gelehrte damit, uns über „Berg" das Folgende zu sagen[39]: „Aus der Nähe betrachtet ist er so; von weiter weg betrachtet ist er (auf andere Weise) so; von noch weiter weg betrachtet ist er wiederum (auf andere Weise) so." „Das nennt man die mit jedem Schritt sich ändernde Form (Ausformung) des Berges." Oder er ist von vorne so; von der Seite ein anderes So; von hinten noch einmal ein anderes So: „Das nennt man die Form (Ausformung) des Berges, wie man ihn von allen Seiten sieht." Konsequenz: „Von solcher Art ist das Aussehen eines Berges, und zugleich von Dutzenden oder Hunderten Bergen. Muss man das nicht etwa bedenken?" Die dem Berg eigene Konsistenz hängt hier nur mehr von der Weise ab, in der in ihm gleichzeitig all diese unterschiedlichen Aspekte enthalten sind und gleichermaßen gewahrt werden: Der Berg ist reich, insofern er für jeden von ihnen *verfügbar* ist und sie alle umfasst (wodurch er auch ein Ausdruck der Weisheit ist). Aber beginnen wir noch einmal aus etwas anderen Blickwinkeln. „Berg": Wenn man ihn im Frühling oder im Sommer betrachtet, ist er so; im Herbst oder im Winter ein anderes So (oder am Morgen ist er so, am Abend ein anderes So, und so weiter): „Von solcher Art ist der geistige Status eines Berges, und zugleich von Dutzenden oder Hunderten Bergen. Kann man darauf verzichten, dies zu erkunden?"

Ich habe hier so nahe wie möglich am Chinesischen übersetzt, um nicht eine Verfälschung der Diskrepanz zu riskieren, die da unerwartet in der Windung des Satzes auftaucht – wie oft habe ich diesen indes nicht aufs Neue gelesen, unsicher, denn wie ist dieses „und zugleich" (*jian*) zu verstehen, welches das Sich-Ausschließen von Mehrzahl und Einzahl aufhebt? Man kann sicherlich darüber hinweggehen (die Sinologen machen das für gewöhnlich). Man kann aber auch innehalten bei dem, was hier plötzlich für Unruhe sorgt, und darin sogar eine Erzader sehen, der zu folgen sich lohnt.

Dann muss man sich fragen: Was ist es, was hier unsere logische Erwartung enttäuscht, wenn nicht genau die Tatsache, dass diese Vielfalt von Aspekten nicht mehr als *Varietät* zu verstehen ist, die eine Gemeinsamkeit (Identität) der Essenz unterstellt? Denn es wird hier wohl deutlich, dass der konsistente Aspekt der Dinge (des Berges) in sich die unterschiedlichen Fälle umfasst und nebeneinanderstellt, ohne dass der Plural sich länger dem Singular unterordnet, oder die Spezies noch die Hierarchie der Gattung respektiert. Nun, wie kann man so etwas denken? – So schwer fällt es uns (in Europa), unter Verzicht auf den identitätsstiftenden Sockel der „Sache" zu denken, das heißt, unter Ausklammerung jedes Essentialismus.

Rufen wir uns nichtsdestoweniger an diesem Punkt die selbständigen Entwicklungen der Naturwissenschaft ins Gedächtnis und bedenken, zur Klärung welcher Fragen diese auf einem Umweg Anstoß geben könnte. Man weiß schließlich, dass die moderne Physik für ihren Teil entschieden vom essentialistischen Standpunkt abgegangen ist. Als Beispiel die sogenannte „Multiskalierung" oder „Multiresolution": Wenn ein Bild nicht mehr mit einer bestimmten Auflösung (ausgedrückt in „Pixeln") dargestellt wird, sondern in allen möglichen Auflösungen zugleich. Indem sie erlaubt, ein Bild unter *gleichzeitiger* Einbeziehung aller Skalen zu analysieren, ermöglicht es diese Darstellung (in „Wavelets" – Morlet, Grosmann), wie man mir gezeigt hat, tatsächlich weit überlegene Methoden der Bildkomprimierung ins Auge zu fassen.[40] Ich möchte nicht zu viel in diese Überschneidung hineinlegen, aber ich denke, dass auch der chinesische Maler-Theoretiker auf seine Weise eine ebensolche „Bildkomprimierung" im Kopf hat: insofern er alle möglichen Gesichtspunkte in einem gemeinsamen Aspekt integriert, dessen Konsistenz folglich von seiner inneren Varianz abhängt und nicht mehr von einem gegebenen Gesichtspunkt, den man als für die Essenz konstitutiv gesetzt hat und dessen Varietät die anderen Gesichtspunkte in der Folge in „angenehmer" – jedoch sekundärer – Weise entwickeln.

Auch geht Guo Xi nicht von einer Grunddefinition („Grundauflösung") des Berges aus, um die innere Varianz von „Berg" zu entwickeln, sondern steckt zuerst seine Gegensätze ab:[41] Im Südosten Chinas ist das Gelände sehr niedrig, die Erde wird von

Regenfällen ausgewaschen und bloßgelegt, der Boden ist dünn und die Gewässer seicht, und so weiter– der Berg Hua erhebt sich nicht aus der Erdoberfläche, sondern aus ihren Eingeweiden; im Nordwesten hingegen ist der Boden dick und fruchtbar, tiefe Gewässer beschreiben ihre Mäander, die Gipfel setzen sich in ununterbrochenen Ketten fort, und so weiter – der Berg Song kommt aus der obersten Bodenschicht hervor, nicht aus den Eingeweiden der Erde. Ausgehend von diesen die Extreme überspannenden Antipoden (vergessen wir nicht, dass eine „Sache" auf Chinesisch auch „Ost-West" genannt wird) entwickelt Guo Xi jene Vielzahl von Aspekten, welche „Berg" alle zugleich beinhaltet, und in der seine Fülle besteht: „erhaben in die Höhe ragend" – „stolz und imposant" – „sich großzügig öffnend" – „zusammengekauert" – „ausgedehnt",und so weiter.[42] In symptomatischer Weise hat die Übersetzerin ins Französische zwischen diesen Bestimmungen jedes Mal die Worte „sei es" (*soit*) oder „oder" (*ou*) eingefügt, die eine Wahl implizieren und neuerlich eine distributive Varietät etablieren, welche ihrerseits die gegenseitige Ausschließung wiederherstellt.[43] Doch wenn Guo Xi zu Beginn dieser Aufzählung vorausgeschickt hat, dass der Berg ein „großes Ding" (*da wu*) ist, dann muss man verstehen, was mit „groß" hier gemeint ist: *Groß* bezeichnet hier die Weite des gleichzeitig Möglichen, wenn nicht mehr ein Aspekt sich auf Kosten eines anderen behauptet, sondern ihre Bandbreite die Gesamtheit des Berges ausmacht – jenes Berges, der *gleichzeitig* „erhaben in die Höhe ragt" – „stolz und imposant" ist – „sich großzügig öffnet" und so weiter. „Groß" bedeutet hier dasselbe, wie wenn im *Laozi* gesagt wird, dass „ein großes Quadrat keine Ecken hat", da es sich nicht mit seiner beschränkenden, ausschließlichen, quadratischen Form begnügt (dem „quadratischen Quadrat": wie es sich eingeengt – „klein" – auf die restriktive Natur des Quadrats zeigt; § 41); oder dass „ein großes Bild keine Form hat" (*da xiang wu xing*).

Ganz gleich verhält es sich mit dem Wasser: Es existiert keine Essenz des Wassers; doch seine Varianz („tief und heiter" – „sanft und glatt" – „aufgewühlt" – „ölig" – „sprudelnd"...) macht es „lebendig". Der Maler zielt in der Folge nicht mehr darauf ab, dem Blick zu gefallen, indem er vor ihm die Varietät der Dinge aufrollt, die

„schön“ sind, weil sie sich gegenseitig mit ihren Kontrasten hervorheben und die Monotonie durchbrechen. Denn die Welt ist für ihn nicht länger ein Schauspiel, das durch seine Vielfalt die Neugierde in seinen Bann zieht und einfängt oder dessen verschwenderischer Reichtum im sinnlich Wahrnehmbaren gar auf eine Vorsehung und die grenzenlose Güte eines Gottes hindeuten würde. Vielmehr arbeitet er mit dem „Geist“, oder sagen wir mit dem *dao*, insofern er den Berg nicht in einer bestimmten „Form“ Quartier beziehen lässt, einer definitiven Form, die immer eng und schäbig wäre, einer fixierten, an ihre Eigenschaften gefesselten Form. Im Gegenteil streckt sich der „Berg“ und belebt sich zwischen diesen Intensität erzeugenden Polen, welche der Pinselstrich in seinen unablässigen Veränderungen verbindet; tatsächlich lässt er, sich aus der Opazität und Materialität der Dinge durch Varianz dekantierend, aus seiner Masse eine „geistige“ Dimension ausströmen.

Der Berg ist „spirituell“, man muss es wiederholen, weil uns – im Gegensatz zur Varietät, die das Unterschiedliche aneinanderreiht, dem der bezauberte Blick entlang wandelt – die Varianz, aus der er hervorgegangen ist, aus den Ausschließlichkeiten und der Steifheit des Konkreten herausholt, indem sie das Entweder-Oder zwischen den Gegensätzen beseitigt. Was ist denn „Geist“, zumindest gemäß der chinesischen Auffassung, wenn nicht eben das, was alle einander entgegengesetzten Aspekte in ihrem Grund miteinander „kommunizieren“ lässt, indem es sie von ihrer Ausschließlichkeit und in der Folge von ihrer Opazität befreit? Das bestätigt sich weiter durch das, was hier über die Perspektive gesagt wird: Sie impliziert nicht, die gesamte Ansicht von einem einzigen Zentrum ausgehend zu konstruieren (der Spitze der Sehpyramide, wie es Alberti ausdrückt), aus dem sich in der Folge die geometrische Bestimmung sowohl des Fluchtpunkts als auch der Bodenlinie als auch der Horizontlinie ergibt; vielmehr muss man, sagt uns Guo Xi, diese drei sich ergänzenden Perspektiven kombinieren. Der Berg hat *zu ein und derselben Zeit* „drei Fernansichten“[44]: Wenn man vom Fuß des Berges den Blick zu dessen Gipfel erhebt, ist das die „hohe Ferne“; wenn man sich vor dem Berg befindet und auf ihn zurückblickt, dann ist das die „tiefe Ferne“; oder wenn man von naheliegenden Bergen aus weit entfernte Berge betrachtet, dann ist das die „ebene Ferne“. Wenn eine dieser Dimension fehlt, wird der Berg entweder „oberflächlich“ oder „nah“ oder „niedrig“ sein. Nicht nur wird der Blick auf ihn nur mehr ein teilweiser sein, vor allem wird er nicht mehr imstande sein, wie es beschrieben wird, zugleich in unsere Richtung – „frontal“ – zu „kommen“, indem er seine Landschaft ausbreitet, deren detaillierter Ausführung man nicht mehr müde wird; dabei aber gleichermaßen von uns – „seitlich“ – „wegzugehen“, indem er sich in nebelige Weiten, die sich zum Unermesslichen hin öffnen, einfügt und auflöst.[45] Zwischen dem Nahen und dem Fernen, welche von den Polen des Erscheinens und Verschwindens her nach ihr greifen, und eingefangen in dieser zweifachen, verbundenen Bewegung von „Gehen“ und „Kommen“, von Vorstoß und Rückzug, fällt es der Landschaft zu, zugleich hervorzuheben und zu verwischen: eben nicht ihre Unterschiede in Seinsformen münden zu lassen, die umso schöner wirken, je klarer sie determiniert sind; sondern sich von diesen ausgehend – in intensiver Weise – auszutauschen und zu beleben.

XII. Essenz/Valenz

Gewiss, „Sein“ ist auch ein *Intensivum*. Das Schöne ist in Anbetracht dieser ganzen chinesischen Lebendigkeit dadurch gerechtfertigt, dass es in höherem Grade „sein“ lässt. Die Varietät lenkt den Blick ab oder erregt sogar seine Bewunderung, aber sie genügt nicht als seine alleinige Berufung. Ihre Legitimationsbasis besteht darin, dass, je schöner etwas ist, es umso mehr auch „ist“. Wenn ein Körper altert, seine Glieder schwächer werden, sein Fleisch seine Spannung verliert, seine Haut einfällt, dann hat er bereits begonnen, sich vom Sein zurückzuziehen – in ein Weniger-Sein zu kippen – ohne dass man es überhaupt bemerkt hätte. Eine Brust *ist* andererseits umso mehr, je angemessener (weder zu prall noch zu schlaff) ihre Linien sind, und je mehr sie sich voneinander ausgehend, einander entsprechend entwickeln. Die Kurve unter dem Stift oder der Kohle des Malers, die schließlich hervortritt und auf der er beharrt, wobei schlagartig alle anderen erprobten Striche in der Annäherung als unhaltbar zurückgewiesen werden, lässt plötzlich vollkommen „sein“: Sie *füllt aus*, im eigentlichen wie im übertragenen Sinn. Und ebenso, wenn man Ende Mai zu seinem Landhaus zurückkehrt, dort das Gras mäht, die Beete beschneidet, wenn man die Perspektiven nachzeichnet und die Gestalt der Dinge wieder zum Vorschein kommen lässt aus dem Begraben-Sein unter der Vegetation: Je deutlicher die Formen erscheinen und sich voneinander abheben, desto mehr *sind* sie. Plotin hat diese Bindung zwischen dem Sein und dem Schönen in einer Gleichung zum Ausdruck gebracht: „an Schönheit zu verlieren bedeutet auch, des Seins zu ermangeln“ (*Enneades* V, 8, 9).

Denn es existiert eine wechselseitige Abhängigkeit zwischen den beiden: „Wo wäre das Schöne, wenn es des Seins entbehrte? Wo wäre das Sein, wenn es des Schönen entbehrte?“ (ebenda). Das eine kann nur proportional zu dem anderen auftreten. Denn täuschen wir uns nicht darüber: das Schöne ist tatsächlich das zu seiner Fülle geführte Sein und nicht bloß ein Attribut, das ihm beigefügt wird. Das eine lässt nach dem anderen streben: „das Sein ist Objekt eines leidenschaftlichen Begehrens (*pothos*), weil es mit dem Schönen identisch ist", und das Schöne selbst ist „Quelle von *erôs*, *erasmion*, weil es das Sein ist". Die Griechen haben diesen starken Gedanken hervorgebracht, der sich durch nichts abnützt: „Zu sein" ist nichts anderes als schön zu sein; und schön zu sein heißt einfach bloß zu sein. Ausnahmsweise verschmelzen im „Schönsein" das Sein durch Prädikation und das absolute Sein (das „Sein" der Existenz). Und die Griechen leiten daraus diesen göttlichen Jubelruf ab: Indem ich zum Schönen erhebe, erzeuge ich Sein und „rühre" (das platonische Verb: *aptein*) schließlich an etwas Unvergängliches. Oder, als Beweis *a contrario*: dem unwahren Sein entspricht eine gekünstelte Schönheit.

Wir wissen bereits, was das eine mit dem anderen identifiziert: die Form (*eidos*). Denn es ist die Form, die Sein erzeugt, indem sie die Materie, welche ihrerseits nur Stütze und Potential ist, aus der Unbeständigkeit des Ungeformten herausholt und ihr eine Identität und eine Washeit verleiht: Sein, das bedeutet „mit einer Form versehen sein", *esse cum forma*, das ist die grundlegende Behauptung, die auf das eigentliche Fundament des Aristotelismus zurückgeht, und auf der die klassische Ontologie beruht. Je mehr etwas bestimmt (geformt) ist, desto mehr ist es (wiederum Hegel). Gleichzeitig ist es die Form, die schön macht, indem sie eine Kontur zeichnet, die das Fließende der Dinge abgrenzt, es „unterschieden" macht und der Wahrnehmung darbietet – *formosus* (*speciosus*) hat im Lateinischen diese beiden Bedeutungen. Augustinus bestätigt Plotin in dieser Beziehung nur: „Das, was einen Körper ausmacht, ist nicht seine Masse, sondern seine Form (*species*). Diese Behauptung lässt sich durch ein unschlagbares Argument beweisen: Ein Körper ist umso mehr, je mehr er geformt und je schöner er ist (*speciosus atque pulchrius*); er ist umso weniger, je hässlicher und unförmiger er ist" (*De immortalitate animae*, 8, 13).

Nun weichen die chinesischen Maler genau hiervon ab und eröffnen einen ganz anderen Weg, wenn sie die Landschaft, wie uns gesagt wird, „auftauchend-eintauchend“, zwischen „Vorhandensein“ und „Nichtvorhandensein“ malen: Sie geben den Formen eine Aura aus Nebelschwaden, die ihnen Weite verleiht, indem sie sie verwischt. Über jenes unübertreffliche Gemälde des Dong Yuan sagt Mi Fu, dass „die Berggipfel erscheinen und verschwinden“ (*chu-mo*), „die Wolken und Nebel verklären und verdunkeln“ (*xian-hui*); oder auch die Ufer und Inseln „sich verhüllen und schillern“ (*yan-ying*)[46]. Oder über ein anderes Gemälde: „Das Gerippe des Berges versteckt sich und offenbart sich erneut, die Wipfel der Bäume tauchen auf und werden wieder verhüllt...“[47] Weit davon entfernt, ein Element der Landschaft unter vielen zu sein, ist der *Nebel* das Mittel, mit dem sich die Formen aus ihrer Umgrenztheit befreien und an „geistiger Färbung“ gewinnen. Denn statt dass die Formen umso schöner sind und umso mehr sind, je stärker sie sich hervorheben, ist es der Wechsel von Schatten und Licht, zwischen den Polen der Unterschiedenheit und der Nicht-Unterschiedenheit, oder zwischen dem Hervorspringenden und dem Resorbierten, der die Welt in ihrer Fülle offenbart: nicht in ihrer visuellen „Unterschiedenheit“, die nach Augustinus die Schönheit ausmacht, sondern in ihrer dynamischen Interaktion; nicht als das, was am sichtbarsten hervortritt (das *ekphanestaton*, als das Platon das Schöne definiert), sondern als jener Übergangszustand, in dem die Dinge, die zwischen dem Sichtbaren und dem Unsichtbaren ihre Kreise ziehen, beginnen, aus der Enge ihrer Formen herauszutreten und sich, indem sie sich ergießen, der „geistigen“ Dimension öffnen.

Das bedeutet also, dass der chinesische Maler, der keine „Daseinsformen“ malt, sondern, wie wir wissen, „Trans-Formationen“, nicht danach trachtet, die Essenz des Gegenstands wiederzugeben, und sei es nur die jener Tasse oder jenes Tellers auf dem Tisch (von Chardin zu Cézanne oder Morandi): Er antwortet nicht mehr auf das große „Was“ der Erkenntnis (jenes der Frage „Was ist das?“ oder der Washeit), sondern bringt in allen Dingen, sogar in den massivsten, sogar in den Felsen, durch die heitere Bewegung seines Pinsels jene beseelende Spannung zutage, die sie am Leben erhält. Er holt sie aus ihrer Verdinglichung heraus; ein schlechter Maler belässt sie in ihrer Trägheit; ein guter Maler erweckt sie: führt sie auf jene Energiekapazität zurück, die sie ausgeformt hat. Anders gesagt „subtilisiert" er sie, indem er sie aus ihrer Opazität dekantiert (*jing* 精). So lässt sich, denke ich, die schwierige Formulierung verstehen, mit der Shitao die Malerei definiert, schwierig nicht in ihren chinesischen Begrifflichkeiten, sondern insofern sie uns zwingt, manche unserer eigenen Kategorien abzulegen. Wörtlich wiedergegeben: „Deshalb bedeutet Malerei, dass Feinheit-Subtilität das Unermessliche durchdringen" (Kapitel 15). Denn wir sollten uns davor hüten, auf der Suche nach Entsprechungen sogleich wieder in unsere zu erwartenden Repräsentationen zurückfallen, wie es derjenige tut, der wie folgt übersetzt (Pierre Ryckmans): „Unter diesen Umständen kann die Malerei die Essenz der Dinge bis zum Unwägbaren durchdringen[48]". Nein, hier gibt es keine „Essenz" im philosophischen (ontologischen) Sinn, die Essenz einer Erkenntnis, welche das Wesen der Dinge in ihren unveränderlichen und konstitutiven Zügen erkundet: die in die Geheimnisse der Natur „eindringt", gemäß dem alten abendländischen Traum, dessen Erbe der Maler ist. Oder wenn es eine „Essenz" gibt, dann in einem ganz anderen Sinn, nämlich in jenem der alchimistischen Prozeduren, und zwar genau jener, welche die Naturwissenschaft überdeckt hat und uns vergessen lässt (von denen sich jedoch in der Tat die chinesischen Termini, *jing* und *wei*, herleiten): in dem Sinn, dass man vermittels der sich in ständiger Entwicklung befindlichen Fährte des Pinsels und der zur Aura verschwimmenden Tusche zu einem subtileren, „quintessentialisierten" und energetischeren Zustand gelangt, wobei auf diese Weise der Weg zu „unergründlichen" Transformationen eröffnet wird.

Was hat der chinesische Maler also im Sinn, wenn er Berge oder Wasser, Bäume oder Menschen skizziert? Shitao versucht es in den folgenden parallelen Formulierungen zu vermitteln (Kapitel 7):

> Das Malen, auf einen Berg bezogen, verleiht ihm Spiritualität.
> Das Malen, auf das Wasser bezogen, verleiht ihm Bewegung.
> Das Malen, auf Bäume bezogen, verleiht ihnen Leben.
> Das Malen, auf Menschen bezogen, verleiht ihnen ein Über-den-Dingen-Stehen.

Ob es nun ein Berg ist oder Wasser oder Bäume oder Menschen, die Bestandteile der Landschaft werden nicht gemalt, um durch den Verweis auf eine Essenz ihre Natur durchscheinen zu lassen, sondern um der Art und Weise willen, wie sie in Korrelation zueinander zur Geltung kommen und die unterschiedlichen Dimensionen einer Landschaft hervorheben: jene des „Spirituellen", der „Bewegung", des „Lebens" (des „Wachstums"), des „Über-den-Dingen-Stehens" (so gebe ich *yi* wieder, „erhaben" – „gelassen": Das menschliche Element fügt eine Nuance von Singularität und freier Lebendigkeit hinzu). Ich werde die Art, wie jeder einzelne dieser Bestandteile mit den anderen eine ausgeprägte Verbindung eingeht und ihnen gegenüber seine Geltung behauptet, als *Valenz* bezeichnen. Denn beachten wir, dass Shitao nicht davon spricht, einen Berg zu malen oder das Wasser zu malen, sondern vom Malen „auf einen Berg bezogen" oder „auf das Wasser bezogen" (*yu shan, yu shui*). Der Berg ist nicht Objekt, sondern Ressource; er ist auch weniger ein Thema, als dass er eine Rubrik von zu erkundenden Effekten eröffnet. Ausgehend von dem einen oder dem anderen kann der Maler Kapazität *freisetzen* – schon wieder verwende ich diesen Ausdruck.

Die Essenz zeigt sich *im Unterschied* – diesbezüglich hatten die Griechen keine Zweifel: Es ist die Unterschiedenheit, die es ermöglicht, die Dinge auseinanderzuhalten, und die diesbezüglich aussagekräftig ist (Platon[49]); oder genauer, indem man von Unterschied zu Unterschied bis zum „letzten Unterschied" hinabgeht, lässt sich das individuelle Wesen einer Sache, ihre *ousia*, erfassen (Aristoteles, *Metaphysik*, *Heta*, 2). Denn eben durch schrittweise Unterscheidungen tritt jene aus der Unterschiedslosigkeit der Materie hervor, wird von etwas bloß potentiell Vorhandenem zu etwas tatsächlich Vorhandenem, und erlangt ihre Washeit. Andersgesagt konstituiert sich die „Form" allein durch Unterschiede. Andernfalls, wenn man die Existenz des Unterschieds in Zweifel zieht, wie es die Skeptiker getan haben, wenn man alles auf eine Basis der Gleichheit stellt, *ex isou*, kann man sich für nichts mehr aussprechen und nichts mehr laut aussprechen, alles wird verwechselbar: Ein „Mensch" wird ebenso gut „Triere", „Gott" oder „Festungsmauer" sein können, macht sich Aristoteles lustig, und das Leben wird unmöglich zu leben, da man dazu verdammt wäre, sich in jedem Moment zu verleugnen. Nun bestreitet das chinesisches Denken weder die Unterschiede, noch hält es sich an ihnen fest und verdinglicht sie: Es lädt dazu ein, zu der *unterschiedslosen Grundlage* unterhalb der Unterschiede zurückzugehen, die sie untereinander „kommunizieren" lässt (das *dao* des *Zhuangzi*), von der sie gleichzeitig herrühren und aufgehoben werden. Anders gesagt, der Unterschied ist wirklich, nicht scheinbar, während er zugleich schon seine Resorption vorhersehen lässt. Auch verhärtet das chinesische Denken den Unterschied weder, noch verbannt es ihn; weder macht es ihn als Wesenheit fest, noch verzichtet es auf seinen Geschmack: Es schreibt ihn nicht ins Sein ein, sondern verfügt „nach Belieben" über ihn[50].

Der chinesische Maler bestätigt dies durch seine Praxis (Fang Xun[51]): „Wenn man Wolken malt, dann dürfen sie nicht aussehen wie Wasser, und wenn man Wasser malt, dann darf es nicht aussehen wie Wolken." Es gibt sehr wohl einen Unterschied zwischen den beiden, und der Lehrling, der sich an sein Werk begibt, kann sich nicht erlauben, dieses Prinzip, so „subtil" es sein mag, zu vernachlässigen. „Doch sobald dieses Prinzip erst einmal wohl verinnerlicht ist", fährt der Kritiker fort, „wird man sich nicht mehr fragen, ob [das] Wolken [sind] oder Wasser: Dort, wo der Pinsel landet, [ist es] eine Wolke, wenn die Intentionalität [der „innere Drang": *yi*] der Meinung ist, [es sei] eine Wolke, und wenn sie der Meinung ist, dass [es] Wasser [ist], dann [ist es] Wasser." Der Unterschied hat nicht den Status einer Essenz, sondern bleibt frei verfügbar: Denn es existiert zwar eine Spezifizität der Erscheinungsform, welche durch ihre Individuation die sinnliche Wahrnehmbarkeit ausmacht, allerdings ohne Isolierung und Abschottung. Ein Festhängen am Unterschied würde dagegen unsere Empfänglichkeit daran hindern, dem zuvorzukommen, was die Wahrnehmung bei der Identifikation unweigerlich zur Aushärtung bringt, indem sie unterscheidet.

Denn der Maler operiert tatsächlich eben im Rückgriff auf diese „rezeptive" Fähigkeit (*shou*), sagt Shitao weiter (Kapitel 13) – eine Empfänglichkeit, ursprünglicher als das, was durch sein Kenntlichwerden die Schönheit entstehen lässt. In diesem Stadium entfaltet er nicht nur die Valenz der unterschiedlichen Bestandteile der Landschaft, des Berges, des Wassers, sondern macht *Äquivalenzen* zwischen ihnen dingfest. So ist der Berg wohl unterschieden vom Meer, doch es gibt Austausch und Kommunikation zwischen den beiden: „Das *Meer* verschlingt und speit aus, der *Berg* beugt sich und erhebt sich wieder." (wie zur Begrüßung) – sie treffen in ihrem rhythmischen Wechsel zusammen. Das Gebirge mit „seinen dicht aufgereihten Gipfeln und seinen endlos verketteten Felswänden", „seinen Tälern, die sich zu Schluchten aushöhlen, und seinen tiefen Klammen" und so weiter ähnelt oder besser *gilt* für „das Anbranden des Meeres in riesigen Wellen, die gleichzeitig verschlingen und ausspeien": Hier ist nicht „die Seele, die das Meer manifestiert", und nichtsdestotrotz „kann man das Gebirge dem Meer überlagern" und mit seinen Fähigkeiten überschneiden. Und gleichfalls kann das Meer „dem Gebirge überlagert werden" und ihm etliche Eigenschaften übertragen: So geht es mit der „Unermesslichkeit seiner Fluten und der darin enthaltenen Weite", mit „seinem wilden Lachen, seinen Trugbildern, seinen springenden Walen und sich auftürmenden Drachen", bis hin zu „seinen Wellen, die sich wie Bergspitzen erheben, und seinen gipfelnden Gezeitenwechseln". Wer zu dieser Beobachtung nur vom Blickpunkt entweder des einen oder des anderen, entweder des Meeres oder des Gebirges, gelangte, wobei diese einander ausschließen, der „würde seiner Empfänglichkeit unrecht tun".

Ich verstehe es, für beide empfänglich zu sein, sagt stolz Shitao, sodass „das Gebirge dem Meer gleichkommt (*ji*) und das Meer dem Gebirge". Indem ich sie in ihrer grundlegenden Äquivalenz erfasse, also ihrer fixierten Auffassung zuvorkomme, mache ich das Gebirge zur Metapher des Meers und das Meer zur Metapher für das Gebirge (auch Péguy: „…und die mächtige Dünung und der Ozean aus Ähren…" – hier wird ein Element vermittels des anderen erfasst). Die Metapher verleugnet nicht den Unterschied (durch Verleugnung des Objektiven), sondern sie lässt uns ihn *überschreiten*, indem sie uns zu einem ursprünglicheren Zustand (vor der „Objektivität") zurückführt. Auch sagt Shitao nicht: „Das Gebirge ist das Meer und das Meer das Gebirge", wie Pierre Ryckmans es übersetzt,[52] denn das hieße, jeden Unterschied zwischen ihnen zu verkennen. Und noch weniger (weiter unten): „Berg und Meer erkennen die Wahrhaftigkeit meiner Wahrnehmung“ (womit das chinesische *er*[53] nicht übersetzt wird und man vollständig in europäische Kategorien zurückfällt). Sondern: „In diesem Modus von Meer-Berg“, das heißt, der Äquivalenz zwischen Meer und Berg, „erkenne ich, wie meine Empfänglichkeit beschaffen ist“ – und diese hält die Malerei fest, um die Belebtheit der Welt wiederzugeben, nicht um das Sein zu erkunden und, vermittels des Schönen, zu mehr Sein zu führen.

XIII. Ähnlichkeit/Resonanz

Wenn sie nicht die aus der Varietät geborene Schönheit der natürlichen Gegenstände ist, dann kommt die Schönheit von der Ähnlichkeit, zumindest nach der klassischen Auffassung. Noch einmal Hutcheson (oder Diderot): bei der „relativen" Schönheit handelt es sich um die Schönheit der Nachahmung – *relative beauty*. Das Werk ist schön, weil es konform und sogar identisch ist mit dem Modell, dessen Abbild es ist, und zwar einzig aufgrund dessen, was die dem Menschen angeborene mimetische Aktivität hinzufügt oder hervorhebt. Es ist schließlich ein Gemeinplatz, es nur anzumerken: Eine Reproduktion ist schön aufgrund ihrer Genauigkeit, sogar dann, wenn das Original hässlich ist. Das Gesicht eines alten Mannes oder eine trockene Gebirgslandschaft, abstoßende Tiere oder Kadaver sind schön, weil sie „gut dargestellt" sind. Die *Mimesis* legt tatsächlich eine Wahrheit frei, wie man von Aristoteles erfährt: Indem er die „eigentliche Form" von der Materie ablöst, mit der sie in der Natur verbunden ist (was das Griechische präzise *apeikazein* nennt), stellt der Maler die formale Ursache des Objekts heraus und erhebt es vom Partikulären zum Allgemeinen – er bedient sich der Abstraktion und der Erkenntnis. Durch die einfache Übertragung der Form, die einem natürlichen Gegenstand entnommen wird, um auf die Trägersubstanz des Künstlers verschoben zu werden, bringt er eine Essenz zur Geltung; während er zugleich einen Genuss im Wiedererkennen hervorruft: Angesichts dieser so gelungenen Nachahmung bin ich zugleich darüber „erstaunt", das Original in der Kopie wiederzufinden, und ich „lerne", besser zu verstehen, „was" es ist. Noch immer sind wir bei der griechischen Frage „Was ist das?", bei der Frage der „Washeit".

Im griechischen Kontext musste sich diese Auffassung von der mimetischen Aktivität des Menschen herausbilden, weil sie durch eine viel allgemeinere Entscheidung getragen wurde, nämlich keine geringere als – immer noch – jene für die Metaphysik. Auch wenn man feststellt, dass er sich von Platon loslöst, insofern er der Meinung ist, dass die Künste sich nicht darauf beschränken, die natürlichen Gegenstände nachzuahmen, sondern auf die Gründe zurückgehen, aus denen diese entstanden sind, und dass sie derart die Mängel der Dinge ergänzen, versteht Plotin nichtsdestoweniger die Schönheiten dieser Welt als matte Abbilder – Spuren oder Schatten (*eidola*) – der reinen Schönheiten des „Dort" (*Enneades* V, 8, 8). Die *Ähnlichkeits*beziehung dient also dazu, die *Trennung* der Ebenen (sinnlich wahrnehmbar / mit dem Verstand erfassbar) zu kompensieren, indem sie in ihrer Spiegelung, wiewohl in abgeschwächter Art und Weise, das verdoppelt, was jene in zwei Hälften geteilt hat. Das „Abbild" (*eikôn*) ist im Abendland also ontologisch mit der Idee einer Verdopplung gekoppelt, wobei seine Bestimmung folglich darin besteht, die Rivalität zwischen den beiden – Modell und Kopie – aufrechtzuerhalten: Hat es vom einen zum anderen einen Verlust an Sein gegeben, oder doch im Gegenteil einen Gewinn an Essenz? Von daher die Frage, die uns in dieser Hinsicht die chinesische Tradition stellt: Wie und inwieweit kann sich dort eine Auffassung der Malerei als Reproduktion entwickeln, so wie sie unser klassisches Zeitalter dominiert hat? Achten wir auf den Sinn dieses „Inwieweit": Es fragt danach, auf welcher Basis, wenn sie keine ontologische ist, diese Auffassung in China Fuß fassen und sich entwickeln konnte, wie auch die dazugehörige einer Schönheit durch Nachahmung. Oder andernfalls, da wir bereits wissen, dass die Welt in China nicht in Begriffen des Seins, sondern von Atem und Energie gedacht wird: Welche andere Auffassung konnte dort gedeihen, die ein Pendant zu – oder einen Schirm vor – dieser berühmten „Ähnlichkeit" bilden würde, die man als Kriterium der Schönheit gesetzt hat? Zumindest für das leichtfertige Urteil der Kritik. Denn haben die Maler selbst in Europa je wirklich daran geglaubt?

Eine sehr schöne Sammlung von *Bemerkungen über die Pinselkunst* (die *Bifaji* des Jing Hao, aus dem 10. Jahrhundert) gibt uns eine genaue Vorstellung vom Ausmaß dieses „Inwieweit". Zur Eröffnung des Dialogs meint ein Novize der Malkunst zufrieden, dass „es ausreicht, die Ähnlichkeit zur Geltung zu bringen, um zur Wahrheit zu gelangen": „Worüber sollte man sich also Sorgen machen?"[54] Worauf der alte Meister antwortet, dass man zwischen der „Blüte", oder der äußerlichen Manifestation, und der „Frucht" (*hua/shi*) zu unterscheiden wissen müsse. Andernfalls wird man zwar eine gewisse Ähnlichkeit zuwege bringen können, aber es wird nicht gelingen, „etwas Wahres abzubilden" (*tu zhen*). Denn die „Ähnlichkeit" berührt nur die Form der Dinge, vernachlässigt dabei jedoch die Atem-Energie, die sich in ihnen aktualisiert. Das, was die „Wahrheit" (Authentizität) des Gemäldes ausmacht, ist hingegen, dass sowohl die „Materialität" als auch die sie belebende „Energie" zu ihrer höchsten Entfaltung geführt werden. Denn wenn diese Atem-Energie zwar in der äußerlichen Manifestation vermittelt, auf der Ebene der Abbildung als Phänomens jedoch vernachlässigt wird, dann ist das, so warnt der alte Meister, „der Tod der Abbildung". Nicht nur bleibt die Ähnlichkeit lediglich oberflächlich; vor allem ist die „Abbildung", wie man uns erinnert, zugleich auch *Phänomen* – der Begriff ist im Chinesischen derselbe (*xiang* 象). Sie wird daher nicht als bloße Dopplung der natürlichen Welt verstanden, sondern kann wie jedes andere natürliche Phänomen „sterben": wenn die Atem-Energie verloren geht, die sie durchströmt und am Leben hält.

So kommt die chinesische Reflexion über die Malerei dazu, der Ähnlichkeit als Rechtfertigung für die Schönheit eine Eigenschaft entgegenzustellen, die jener Atem-Energie (*qi*) eigentlich ist, welche das Leben der Wesen wie der Dinge generiert: Sie bezeichnet sie als innere „Resonanz" (*yun* 韵, abgeleitet von *yin* 音, dem „Klang"; man wird umso eher geneigt sein, so zu übersetzen, wenn man an Kandinsky denkt: Man muss sich, sagte dieser, „von der inneren Resonanz der Form" berühren lassen). Der Unterschied zwischen *Resonanz* und *Ähnlichkeit* wird in der Gegenüberstellung deutlich, wiewohl die beiden Wörter im Französischen (*résonance/ressemblance*) in der Vorsilbe *re-*, welche auf Echo oder Verdopplung hindeutet, eine Parallele aufweisen: Die eine ist der lang anhaltende Widerhall des inneren Timbres, die andere die detaillierte Reproduktion äußerer Züge; die erste vertieft sich in zahllosen Schwingungen, während die andere bald an der Oberfläche versiegt. Denn die eine entfaltet sich von selbst als phänomenaler Prozess, während die andere auf das konzertierte und durch seine Zielrichtung gelenkte „Machen“ beschränkt bleibt. Die aufkeimende Reflexion hat in China die „Energie-Resonanz“ (*qi-yun* 气韵) als das erste Prinzip der Malerei betrachtet, das nicht nur über allen anderen, sondern ganz für sich allein steht, und das sich weder durch Geschicklichkeit noch durch Fleiß erlangen lässt: „Energie-Resonanz: Leben [Zeugen] – Bewegung“ (*qi yun sheng dong*, Xie He, 5. Jahrhundert). Alle späteren Theoretiker tun nicht mehr, als diese kanonische Formel wiederaufzunehmen und sie zu variieren, wobei keiner auch nur daran denkt, sie in Frage zu stellen. Gelingt es diesen vier Wörtern etwa nicht tatsächlich, das Essentielle zu sagen – ein Talisman, über den man in der Folge nur noch meditieren kann? Von daher jene in Form einer Binsenweisheit ausgesprochene Erkenntnis: „Die [formale] Ähnlichkeit ist einfach, die Resonanz [der Atem-Energie] ist schwierig“.

Wo er *Resonanz* und *Energie* nebeneinandergestellt betrachtet, definiert der Dialog zwischen dem Novizen und seinem alten Meister die Resonanz als „das Festigen der Formen [Aktualisierungen] bei gleichzeitigem Verbergen der Spuren“ (*yin ji li xing*[55]). Denn die Kunst des Malers ist zwar eine Kunst der bildlichen Darstellung, aber sie darf nicht in der bildlichen Darstellung versanden; sie produziert zwar sichtbare Formen, diese haben jedoch nur Wert als Gestaltwerdungen unsichtbarer Energie. Daher wird eine Unterscheidung zwischen zwei Arten von Fehlern eingeführt: jene, die vom *Ausgeformten* (*you xing* 有形) herrühren: wenn die Jahreszeiten nicht berücksichtigt werden, man die Proportionen nicht beachtet, oder wenn „die Brücke nicht mit dem Ufer verbunden ist“ – Ungeschicklichkeiten, die korrigierbar sind; und andererseits jene, die nicht vom Ausgeformten herrühren (*wu xing*), deren Entstehung diesem vielmehr vorausgeht, und die als solche irreparabel sind: dass etwa, wenn sie der Energie und der Resonanz ermangelt, die bildliche Darstellung in ihrer Gesamtheit dadurch entstellt wird, und das Resultat trotz der Bewegung des Pinsels „tot“ ist.[56]

Das, was nun als *Spur* bezeichnet wird, ist die Versteinerung von Energie – eine Ablagerung – welche die Form unbeweglich werden lässt und den „Tod“ des Gemäldes herbeiführt. Die Spur ist das, was sich nicht ausgeklärt hat, was undurchsichtig bleibt und jene Energie nicht passieren lässt, von der die geistige Dimension herrührt. Erst wenn man „mit der Spur bricht", sagt Mi Fu, lässt die natürliche Federkraft oder Dynamik „die Gipfel zwischen den Nebeln emporragen und die Felsen sich färben"[57]. Oder, negativ gesagt, selbst bei Blumengemälden kann man nur Lebendigkeit und Bewegung erreichen, wenn man „nicht an der Spur festklebt"; oder: „die Spuren der Form werden zwar Ähnlichkeiten aufweisen, aber der Lebensenergie entbehren" (Fang Xun[58]). Das *Shitao* bringt den Gedanken in der folgenden parallelen Formulierung zum Ausdruck: Im ursprünglichen Zustand der „Empfänglichkeit", jenem der Äquivalenz zwischen Meer und Berg, schreitet man bis zu dem fort, was noch keine tastbare Form hat; danach, bei der Handhabung dessen, was unter dem Pinsel Form annimmt, darf dieses „keine Spuren aufweisen" (*wu ji* 无迹). Es gibt dann keinen Widerstand und keine Behinderung mehr; die Spontaneität der Handbewegung, die den Pinselstrich erzeugt, ist mit jener des Ablaufs der Welt verschmolzen: „Die Tusche fließt, als wäre bereits alles getan, und man lenkt den Pinsel, ohne zu handeln" (Kapitel 16).

Die Resonanz rührt also nicht wie die Ähnlichkeit vom Äußerlichen her, sondern vom „Zwischenraum" (*jian* 间: die zweiflügelige Tür, unter der ein Mondstrahl durchscheint); sie entfaltet sich nicht an der Oberfläche der Form oder in ihrer Kontur, sondern „zwischen" ihren verschiedenen Zügen.[59] Der folgende berühmte Vergleich (Song Dongpo) lässt es uns begreifen: Ein Gelehrtengemälde zu betrachten, ist wie ein edles Pferd zu begutachten: Man muss imstande sein, zu erfassen, wie weit die innere Motivation und die Energie reichen. Jene, die nur Handwerker der Malerei sind, bilden lediglich die Reitgerte, das Fell, die Futterkrippe und sogar das Futter ab, ohne dass noch etwas von der Energie vorhanden wäre, die das Streitross beseelt, und man wird der Abbildung recht bald überdrüssig. Nun lässt sich, wie es ein späterer Kritiker (wiederum Fang Xun[60]) festhält, aus dieser Metapher Folgendes ableiten: Zuerst, dass das Wesentliche an der Malerei in Wirklichkeit nicht in diesen Attributen oder materiellen Elementen wie Reitpeitsche oder Fell besteht; aber auch, dass es, wenn man diese beiseitelässt, „überhaupt kein Pferd mehr gibt". Konsequenz: Jene ungestüme Energie, die das Streitross antreibt, muss sich „zwischen" all diesen konkreten Aspekten befinden, die gleichwohl nicht verdinglicht sind, das Fell und die Reitpeitsche inbegriffen. In diesem durchlässigen *Dazwischen* also wird die Resonanz „übermittelt", als energetische Vibration.

Auch werden wir von der Ähnlichkeit genau dasselbe sagen können, was wir bereits über den Unterschied gesagt haben. Der chinesische Maler klammert sich weder an sie noch verzichtet er auf sie. Er schreibt sie weder ins Sein ein, noch lässt er sich ihre Ressourcen entgehen. Wenn es auch, einer berühmten Formulierung des Su Dongpo zufolge, „der Infantilität nahekommt", ein Gemälde vom Standpunkt der Ähnlichkeit zu betrachten, so nährt sich die Malerei doch auch dadurch, dass sie Anleihe bei den Formen der Dinge nimmt. Man berichtet, dass Huang Gongwang, wenn er auf seinen Spaziergängen alte Bäume oder außergewöhnliche Felsen erblickte, den Pinsel aus seiner Tasche holte und ihre Umrisse abzeichnete. „Und doch sieht man, wenn man die von ihm hinterlassenen Werke betrachtet, kein krummes Astwerk darin und auch keinen seltsamen Felsen."[61] Weder klebt der Maler am Motiv, um seine Form zu reproduzieren, noch verschmäht er das, was ihm das Motiv über die *Varianz* der Form lehren kann: Er beobachtet noch in jenen höchst ungewöhnlichen Formen die Art und Weise, wie die Energie sich ihren Weg durch die sinnlich wahrnehmbare Materialität gebahnt hat und zu diesem extremen Ergebnis gelangt ist, und dadurch erweitert er sein Formenrepertoire. Das nennt man „ähneln, ohne zu gleichen" (*si bu xiao*). Diese vom Zwang der Imitation befreite und verfügbar bleibende Ähnlichkeit, die man sich „nach Belieben" zunutze macht, werde ich die *Anmutung (semblance)* nennen.

Wie soll man nun jene „Wahrhaftigkeit" in der Malerei verstehen, die der Ausgangspunkt des Dialogs zwischen dem alten Meister und dem Novizen war? Nicht als Wahrhaftigkeit durch Angleichung der Form, noch auch durch Dekonstruktion und Rekonstruktion des Objekts der Wahrnehmung, wie es die europäische Malerei zu einem späteren Zeitpunkt tun wird – sondern durch visuelle *Ausklärung*. Guo Xi: Wer erlernen möchte, Bambusse zu malen, der nehme einen Bambusstock und betrachte ihn in einer Mondnacht, wie er seinen

Schatten auf eine weiße Wand wirft, „denn dann wird die wahrhafte Form des Bambus offenkundig“[62]. Ganz gleich funktioniert es auch im größeren Maßstab: Wenn man die Schluchten einer „wahrhaften Landschaft“ aus der Entfernung betrachtet, erhält man Zugang zu ihrer „Tiefe“; wenn man einen Spaziergang in ihrer Nähe macht, Zugang zu ihrem „oberflächlichen Sein“, und die beiden Aspekte ergänzen einander: Indem sie die Landschaft wiederum wie in *Multiresolution* abbilden, bringen sie die Atmosphäre heraus, welche sie durchdringt. Oder: Wenn man die Felswände einer wahrhaftigen Landschaft aus der Entfernung betrachtet, eröffnet sich ihre „Leben verleihende Anspannung“; wenn man sie aus der Nähe ansieht, offenbart sich ihre „Materialität“, und diese beiden Aspekte erzeugen als Paar ihre „Wahrhaftigkeit“ (ebenda). Da sie die eine Ebene mit der anderen koordiniert, so wie sie auch alle Perspektiven in sich vereinigt, lässt diese Landschaft das Entstehen einer Bruchlinie nicht zu, von der ausgehend der Vorgang des Malens die Welt *verdoppeln* könnte (in diesen Abhandlungen über die Malerei scheint geradezu alles dafür gemacht, diese mimetische Beziehung zu durchkreuzen). Sie bezieht also ihre Wahrhaftigkeit nicht aus dem Streben nach Repräsentation, sondern aus ihrem Vermögen zur *Tränkung* – wir „baden“ in dieser Landschaft. Wie es Guo Xi zu einem früheren Zeitpunkt gesagt hat: „Man bemühe sich, eine bewundernswerte Handfertigkeit zu erlangen, und alle Dinge werden in Überfülle erscheinen: ohne sein Zimmer zu verlassen oder von seiner Matte zu steigen, kann man dort im Sitzen die Quellen und Schluchten erkunden; das Brüllen der Affen und die Rufe der Vögel sind noch schwach im Ohr vernehmbar…“[63] Die Wahrhaftigkeit dieser Landschaft kommt von der Stimmung, wenn dieser Terminus nicht zu schwach ist – beziehungsweise liegt es nun an uns, ihm besseren Halt zu geben; sie gehört der Ordnung des Diffusen und nicht Zuweisbaren an, oder, wie ich sagen würde, der „Tränkung“.

XIV. Gegenwart/Tränkung

Weil es von „schön“ das Schöne abstrahiert hat, kann das Griechische, im Glauben, bloß weiterzuentwickeln, was die Sprache logisch aussagt, erklären, dass die Dinge „schön“ sind *durch* „das Schöne“ (am Beginn des *Hippias maior*, der auch der Beginn der Philosophie ist). Indem er in der Folge einen Schritt weiter geht und die Entität zur für sich allein stehenden Essenz erhebt – darin besteht der entscheidende Schritt, den Platon gesetzt hat (in den Werken seiner ersten Reife: *Gorgias*, 497 e und *Phaidon*) –, gelingt es Platon, die Natur dieses „durch“ zu erhellen: Die Dinge sind schön durch die „Gegenwart“, *parousia*, der Schönheit. Insofern das Schöne nun eine gesonderte Existenz hat, macht es umgekehrt die Wesen und Dinge schön, indem es sich in ihr „Beisein“ begibt, indem es ihnen „gegenwärtig“ ist (präsent; *prae-esse* sagt auch das Lateinische). In ihnen, gewiss, aber ohne dass diese Inhärenz es darum mit ihnen verschmelzen und seines eigentlichen Wesens verlustig gehen ließe: vorübergehend in das Feld ihrer Bestimmungen eintretend (dieses zeitlich Begrenzte ist es gerade, was die „Gegenwart“ definiert), sodass sich die Möglichkeit einer „Teilhabe“ oder einer „Kommunion“ auftut, doch von einem Anderswo kommend und mit dem Potential, wieder zu verschwinden. Jede Gegenwart versteht sich vor dem Hintergrund einer Abwesenheit. Suchen wir also den Grund für das Schöne nicht mehr in der Farbe oder in der Kontur, *chrôma-schema*, zwei konkurrierenden Theorien zufolge, sondern halten wir uns, so verlangt es Sokrates, an diese eine innere Erklärung, welcher in ihrer Allgemeinheit in der Folge nicht mehr widersprochen werden kann: „Die Schönheit der Sache wird durch nichts anderes hervorgebracht als durch die Gegenwart des Schönen“ (*Phaidon*, 100 c–e). Und schon sind mit einem Mal die Würfel gefallen: Die abendländische Philosophie wird eine aus ihrer metaphysischen Halbierung hervorgegangene Philosophie der *Gegenwart* sein, das heißt eine Philosophie des Hierherkommens, Herbeikommens, Nahekommens von etwas ontologisch Eigenständigem. Gehen wir diesen Schritt nun bis zum Ende, indem wir das Schöne zum Absoluten erheben, und diese „Gegenwart" erhält sakralen Charakter: Was schön ist, wird damit zur Offenbarung oder *Parusie* des Schönen, die schlagartig das Reine – das Sein, das Ewige – im „Beisein" des sinnlich Wahrnehmbaren hervortreten lässt.

Im *Phaidon* ist Sokrates erstaunt – oder gibt er nur vor, erstaunt zu sein? – über den einfachen, elementaren, offensichtlichen und darum kaum diskutablen Charakter der vorgeschlagenen Lösung. So, als laufe sie auf eine platte Binsenweisheit hinaus; erstaunt, dass man damit so nah an der Tautologie ist: Die Dinge sind schön durch die Gegenwart des Schönen – was könnte einfacher sein? Ist es nun tatsächlich so einfach? So, als sei diese Erklärung nicht mehr als ein Explizit-Machen; erstaunt auch, dass es diesen Termini, die einem Erhellen des Unmittelbaren am nächsten zu kommen schienen – „Gegenwart" oder „gegenwärtig" –, so nah, dass man tatsächlich keinen kommentierenden Zugriff mehr auf sie hat, letztlich so gut gelungen ist, zu verhehlen, wie sehr sie eine Distanzierung von diesem Unmittelbaren und einen dramatischen Bruch mit ihm voraussetzen. Nun, wieder einmal ist es das Schöne, das als privilegiertes Übungsfeld für diesen Vorgang des Verdeckens der Metaphysik dient, welcher auf die große Spaltung folgt. Denn wie könnte man vergessen, wie sehr diese „Gegenwart" des Schönen nichtsdestoweniger als ein Eindringen aufzufassen ist, das der Phänomenalität der Dinge Gewalt antut? Plotin zumindest hat sich nicht gescheut, darauf hinzuweisen. Was ist dieses „den Körpern Gegenwärtige" (*to paron tois sômasi*, *Enneades* I, 6, 1–3), das sie „schön" macht? Es ist, wiederholen wir es, die Gegenwart eines „körperlosen Lichts", welches bekanntlich aus einem Anderswo hervorgegangene Form und Ursache ist und nun die „Dunkelheit" der Materie bändigt, zumindest soweit diese bereit ist, ihm nachzugeben.

Seien wir also unsererseits über dieses Nicht-Erstaunen erstaunt: dass die gewöhnliche Sprache in Europa diesen Kraftakt des Denkens, dessen Objekt das Schöne ist, soweit assimilieren konnte, ohne mit der Wimper zu zucken. Sodass wir alle vollkommen beiläufig, als sähen wir nichts darin impliziert, keine Vorentscheidung damit getroffen, sagen können – so wie es Diderot tut, und andere ebenso: Das Schöne muss gewiss dasjenige sein, „dessen Gegenwart schön macht“[64]... Was hat Diderot indes nicht alles getan, um sich aus den Verwerfungen der Metaphysik zu befreien? Nun, ich kann mir einen solchen Satz, geschrieben in klassischem Chinesisch, *nicht vorstellen*. Es ist Zeit, dieser Option einer *Gegenwart*, welche die abgrundtiefe Distanz durch die Intimität des Naheseins verschleiert, oder sich müht, das wiederherzustellen, was sie zuvor aufgegeben hat (wodurch sie in Wirklichkeit zur dialektischen Kategorie der Metaphysik wird), das entgegenzustellen, was ich „Tränkung“ genannt habe: Die *Tränkung* ist eine Modalität, die nicht isoliert, sondern durchdringt, „durchsickert“, „übermittelt“ – sie gehört der Ordnung des „zwischen“ an, nach dem Beispiel der Resonanz – und durch Ausklärung ausströmen lässt; die nicht fokussiert, sondern zerstreut, die nicht unbeweglich macht, sondern kommunizieren lässt, und vor allem wörtlich (frz. *prégnance*): die schwanger ist mit etwas; die sich daher gegen die große Antinomie von Gegenwart und Abwesenheit sperrt (aus der das Tragische hervorgeht), folglich dem Klaren und Definierten spottet (womit sie gegen die Idee rebelliert) und sich nicht unter-scheiden lässt: also im Gegensatz zum *eindeutigen* Charakter steht, der die Schönheit ausmacht.

Über das Gemälde des Shen Zhou: „Heimkehr zu Boot in Wind und Regen“ – aber es wäre besser, sich an den chinesischen Wortlaut zu halten, der keiner Syntax unterworfen ist und nicht konstruiert: „Wind – Regen – Heimkehr – Boot“ (*feng yu gui zhou*): „Die Kunst seines Pinsels ist frei und unbefangen; er [hat] eine Vielzahl von Weidenzweigen [unter] dem Regen gemacht, die den Wind in sich aufnehmen; weiter entfernt eine Sandbank, [und dann] ein einsames Boot, [mit] einem Umhang und einem Strohhut: so als befinde es sich inmitten der Fluten“. Jemand zeigte mit dem Finger auf das Bild und fragte mich: „Aber wo ist da nun der Regen?“ Ich antwortete: „Der Regen ist dort, wo er gemalt ist, und auch dort, wo er nicht gemalt ist.“ (Fang Xun[65]). Der Regen ist an keinem isolierbaren Ort, und er ist überall. Das *Nicht-Gemalte* ist kein metaphysisches Unsichtbares, das der Ordnung des nicht Darstellbaren angehört, denn es handelt sich dabei sehr wohl um ein Phänomen: den Regen. Aber der Regen ist nicht eingrenzbar oder isoliert wahrnehmbar: Er ist diffus und verstreut, zwischen „Vorhandensein" und „Nichtvorhandensein". Dass die Pinselkunst hier „frei und unbefangen" („losgelöst") genannt wird, verweist auf die Verweigerung gegenüber einer Zuordenbarkeit, die jedes Ding auf seinen Ort und sein eigentliches Wesen eingrenzt: Der Regen *tränkt* diese Landschaft.

Die chinesische Sprache ist reich an preziösen Formulierungen, welche eine solche Stimmung oder Tränkung beschreiben, wie eben beim Malen einer Landschaft im fallenden Regen; oder welche vielmehr, da ein einzelner Begriff, insofern er isoliert, immer nur schwer davon Rechenschaft ablegen kann, dieses Nicht-Unterscheidbare durch das Zusammensetzen von Binomen denken. Indem man beispielsweise den Begriff des Abbild-Phänomens (*xiang* 象) mit jenem der Atem-Energie (*qi* 气) kombiniert, um auf diese Weise zu erhellen, wie etwas der Ordnung der bildlichen Darstellung und des Tastbaren Angehörendes sich in ungreifbarer und zugleich nicht eingrenzbarer Weise auszudehnen vermag. Dieses „Atem-Abbild" (*qi-xiang*) vereint in einem einzigen Gedanken die sich im Unendlichen entfaltende unsichtbare Energie mit der sie aktualisierenden sinnlich wahrnehmbaren Manifestation – „Atmosphäre"; was ihm in europäischen Begriffen am ehesten entsprechen würde, ist dagegen allzu bedeutungsarm… Das – fehlgeleitete – Gegenteil wäre es, am Abbild „festzuhängen" und zu „kleben" (*zhu xiang* 著象). Der Landschaftsmalerei, so heißt es (Tang Zhiqi[66]), darf man sich nicht in gezwungener Weise widmen: Dies würde den Pinselstreich verzerren, ihn zum Krampfen bringen und schließlich erlahmen lassen. Wenn, so sagt man uns, die großen Maler der Vergangenheit die gesamte Wandfläche mit verstreuten Inselchen und Uferstrichen füllten oder sich beim Malen zwischen „Vorhandensein" und „Nichtvorhandensein" bewegten, wenn in ihren Gemälden die Nebel dicht und zahlreich von den Bergen aufstiegen, dann „hingen" sie nicht am Bildlichen der bildlichen Darstellung, ihre Malerei blieb nicht in den *Spuren* stecken. Oder: Genauso wie es angebracht ist, beim Malen von Personen deren „Geist zu vermitteln", oder, wenn es um Blumen oder Vögel geht, deren „Lebendigkeit abzuzeichnen", malt man eine Landschaft, indem man „ihren Schatten bewahrt" (*liu ying*) und nicht ihre tastbare Form: So wie man auch, wenn man das Malen eines Bambus erlernt, seinen Umriss auf der Mauer in einer Mondnacht betrachtet...

Ein weiteres Kompositum, gebildet, um diese Expansive zu benennen (zu denken): „Wind(e) und Fließen", *feng-liu* 风流. Denn eine Landschaft ist nicht nur in ihrer Struktur bipolarer Spannung zu betrachten: „Berg(e)/Wasser"; sondern auch in Hinsicht auf das, was durch sie hindurchfließt und sie, indem es die Zirkulation in ihr aufrechterhält, davon abhält, in Begrenzung und Beharrung zu versinken. Wenn man, sagt Shitao, die Landschaft im Modus der Äquivalenz zwischen Meer und Berg einfängt, wenn man also dem Zuordnen zuvorkommt, dann bringt jeder Pinselstrich und jeder Tropfen Tusche eine solche Tränkung hervor (Kapitel 13). So wie es ist, erfasst dieses Binom ebenso gut auch die dichterische Tränkung:

> Nicht an einem einzelnen Wort festhängen:
> Ganz und gar Winde und Fließen erlangen.[67]

Nicht an einem einzelnen Wort „kleben" oder „festhängen" (*zhu*), sich nicht auf einen einzigen Sinn beschränken: So wird in seiner ganzen Fülle übermittelt, was an und für sich zu diffus und verstreut ist, als dass es mit Worten fassbar wäre. Es wird nicht mehr die bestimmte und folglich kennzeichnende Erscheinung wiedergegeben, die der Sache als isolierbares „Dieses" eigentümlich ist, sondern das (allerdings handelt es sich schon um kein „das" mehr), was uns das Vorurteil der Ontologie stets nur auf verarmte Weise ausdrücken lässt: nicht Beschaffenheit oder Eigenheit eines In-Sich, durch welche die Sache in ihrer Unterschiedenheit eingeschlossen (und in einer Essenz begründet) würde, sondern jenes „Enthaltene", „Verborgene" (*han-xu*), das die Referenz undurchsichtig belässt und das Implizite unerschöpflich macht. Es strahlt eher in unbestimmter Weise von der „Resonanz" aus, als dass es von der Schönheit ausginge, die ja die Dinge vermittels der Form abgrenzt und für den Blick hervorhebt – so wie sie der Akt verkörpert.

XV. Vom Akt oder von der Schönheit

Im Akt nämlich haben die Griechen ihren Begriff von der Schönheit gefunden. Zwischen dem fleischlichen Begehren und dem Schamgefühl vor der Nacktheit, und gleichsam zur Aufhebung des einen wie des anderen führend, isoliert der Akt (in der bildenden Kunst) jene separate Ebene, in der das Schöne verankert ist. Denn der Akt ist nicht ein Seiendes unter anderen, eingefasst in dem unbestimmten Raster, das die Welt ausmacht, sondern er hebt sich davon ab, weil er der Ort einer wahrhaft einzigartigen Operation ist. Denn er ist nicht mehr jener in Bewegung befindliche (oder sogar ruhende) Körper, dessen Bewegungsabläufe oder auch dessen bloßes Erbeben man filmen wird; er ist vielmehr der *stillgesetzte* Körper, den der Maler oder der Fotograf posieren lässt: Es kann im „Kino" keinen Akt geben, nur nackte Körper. Er ist folglich nicht mehr das vorübergehende Zusammentreffen von rastlos entfliehenden und wieder sich erneuernden Linien, sondern die zwischen allen erprobten Möglichkeiten hervorgetretene, bereinigte Kontur, welcher ihre Perfektion Endgültigkeit verleiht. Wenn er bei der Intimität eines Individuums Anleihen nimmt, dann um sie unter Auslöschung alles Persönlichen als objektive Stütze der herauszuarbeitenden Formen einzusetzen. Er entsteht zwar im Nächstliegenden, in der Unmittelbarkeit des sinnlich Wahrnehmbaren, ist zugleich jedoch das privilegierte Spielfeld der Modellbildung, insofern er das sinnlich Wahrnehmbare des Fleisches in eine Form umschlagen lässt, die ideal ist: Ein Akt ist nicht empirisch. In ihm verwandelt sich der Mangel plötzlich in Vollständigkeit; die Entblößung in Entschleierung. Auch hat man ihm unablässig, in starrköpfiger Weise, eine Kunstform nach der anderen zugeführt, um hartnäckig stets aufs Neue die noch unbegangenen Wege der Schönheit zu erkunden:

Bildhauerei, Malerei, Fotografie, wobei ihn nicht einmal die Moderne entwurzeln konnte: Das Abendland hat das Schöne erlernt, indem es sich im Akt übte. – Damit wird auch verständlich, warum China, wo sich die Personendarstellung in Malerei und Bildhauerei doch so fruchtbar entwickelt hat, für den Akt kein Interesse zeigte.[68]

Tatsächlich lassen sich alle vorher genannten Unterschiede am Beispiel des Akts bestätigen. (1) Man lässt das Modell seine Posen *variieren*; in den Ateliers ließ man es diese sogar mithilfe eines Apparats von Gurten und Seilen noch längere Zeit beibehalten. (2) Der Akt ent-individualisiert und ent-historisiert; er abstrahiert eine *Essenz*. Ganz so wie die cartesianische Physik den Wachsblock von seinen sekundären Eigenschaften „entkleidet", indem sie das Wachs in die Nähe des Feuers bringt, um es „nackt" in seiner Eigenschaft als *res extensa* zu betrachten – *tamquam nudam considero*, sagt Decartes –, subtrahiert der Akt die sekundären Eigenschaften der Epoche oder der Umstände, um auf die ganz allgemein verstandene Frage „Was ist der Mensch?" zu antworten. Er entspricht der Definition von „Washeit". Wenn die Mythologie dem Akt eine Sonderstellung einräumt, dann weil er erlaubt, Tugenden und Wesenheiten besser auszudrücken (wenn also Canova Napoleon nackt in Stein gehauen hat, dann darum, weil er den Geist des Krieges verkörpert; seine Schwester, nackt abgebildet, mit einem Apfel in der Hand, ist *Venus victrix*: eine „Person" – eine Innerlichkeit – kann nur bekleidet abgebildet werden). (3) Vom Akt wird eine *Ähnlichkeit* – und wie streng muss diese sein! – mit der Morphologie des menschlichen Körpers gefordert, und die Maler ebenso wie die Bildhauer sind besessen von der Anatomie; jede „innere Resonanz" hingegen wird dadurch sogleich zum Verstummen gebracht. Schließlich (4) stellt der Akt eine konzentrierte *Gegenwart* dar, die geradezu gewaltsam wirken kann. Das beweisen die ländliche Szenerie oder der Teppich im Zimmer: Sie berühren den Akt nicht und sind ein bloßes Behältnis für ihn; dem Akt wird jegliches „Ambiente" entzogen. Indem er das Intime fortnimmt, stellt der Akt bloß; durch dieses Hervorkommen, das am Ende alles offenlegt, durchbricht er das Raster der Dinge und wird zum Ereignis; und selbst wenn sich seine Konturen verwischen und auflösen – „im Bade" (Bonnard) oder „die Treppe hinabsteigend" (Duchamp) –, ist ein Akt niemals „getränkt". Denn es wäre ein Irrtum zu glauben, dass ein Akt den Körper in die Natur integriert oder, wie man sagt, „naturalisiert". Im Gegenteil, er erhält seine Bedeutung gerade aufgrund der Trennung, welche durch die Kleidung aufgekommen ist, und verstärkt die Isolation sogar noch weiter: Einzig der Mensch ist nackt – einzig der Mensch kann nackt sein.

Bereits Platon hat am Beginn des *Kritias* auf diese Besonderheit des Akts hingewiesen. Als er unvermittelt – was äußerst selten vorkommt – eine Landschaft in seinen Dialog einbringt, kommt er zu dem Argument, dass, da „die Erde, die Berge, die Flüsse, die Wälder, der Himmel in ihrer Gesamtheit" nicht Objekt eines präzisen Wissens sind, wir uns damit zufriedengeben, dass die Maler sie ungefähr nachahmen; während in Bezug auf den menschlichen Körper, den wir am besten kennen, die Anforderungen ganz andere sind. Dieselbe Argumentation findet sich übrigens mit einem entsprechend angepassten Ansatz in China wieder: Es ist schwieriger, „Pferde oder Hunde" zu malen, die jedermann vor Augen hat, als „Geister oder Gespenster", die niemals jemand gesehen hat (Han Fei[69]). Halten wir allerdings fest, dass es im chinesischen Kontext nicht länger der menschliche Körper ist, der der Exemplifikation des Sichtbaren dient. Und wenn er doch ins Spiel kommt, so wird in der Folge die Beurteilung des Werts gänzlich umgekehrt. Es ist geradezu erstaunlich festzustellen, wie präzise die Formulierungen eines chinesischen Gelehrten sich mit jenen Platons überschneiden – die Materie ihrer Erfahrung kann selbstverständlich nur dieselbe sein –, allerdings bloß, um sich dann umso deutlicher aufzugabeln (Su Dongpo, 11. Jahrhundert[70]): „Ob es sich um Menschen, Tiere, Paläste oder auch nur um Gebrauchsgegenstände handelt, sie alle haben eine beständige Form", und der geringste Fehler diesbezüglich ist sogleich zu bemerken. Was hingegen „die Berge, die Felsen, die Bambussträucher, die Schatten, die Wellen oder die Nebel" angeht, so ist in ihnen keine beständige Form vorhanden, und einzig ihre „innere Kohärenz" ist „beständig" (*chang li* 常理). Anders gesagt ist die bildliche Darstellung des Menschen bedeutungsarm, weil sie ihre Form aufzwingt (man beachte übrigens, dass der Mensch auch in dieser Liste des Ein-Förmigen nicht gesondert herausgestellt wird); wohingegen die Berge, die Felsen, die Bäume, die Nebel und selbst die Bambussträucher keine Form aufdrängen: Verfügbar nehmen sie alle möglichen Formen an – von solcher Art ist ihre *Varianz* – und folglich ist es die „Kohärenz" jener Energie, welche sie in so vielerlei Gestalt konfiguriert, die man mit seinem Pinsel einzufangen hat. Aus diesem Grund kommt die Malerei in China auch viel früher dazu, die Menschen mit ihren festgesetzten Formen zugunsten der Landschaften zu vernachlässigen: Denn diese überlassen uns die Initiative der Form.[71]

Es ist wahr, dass Platon seinerseits weit davon entfernt ist, im Akt bloß das Objekt einer minutiösen Beobachtung zu sehen: Der Künstler bereinigt die Kurve des Körpers zum „Paradigma"; aus einer Anhäufung von Fleisch zieht er die Form eines Sein-Sollens. Der Akt hat den menschlichen Körper vom sinnlich Wahrnehmbaren abgelöst und erkundet – befördert zugleich – durch ihn etwas intellektuell Verstehbares, das sich nicht mehr dem Zeugnis einer Erfahrung unterwerfen wird lassen: Dadurch eben ist er das Feld der Ausarbeitung und Modellwerdung des Schönen. Es ist ein theoretisches Bemühen, nicht etwa eine Form von Realismus oder Naturalismus, das die Erfindung des Akts rechtfertigt. „Glaubst du nun", fragt Sokrates den Glaukon, „dass derjenige ein minder guter Maler sei, der, nachdem er ein Musterbild gemalt hat, wie etwa der schönste Mensch wäre, und alles gehörig in dem Gemälde angebracht, nicht zu beweisen vermöchte, dass es einen solchen Mann auch wirklich geben könne?"[72] Bekanntlich haben sich die Künstler insbesondere mit den Werkzeugen der Geometrie am Akt versucht, indem sie auf ihn die pythagoreische Idee anwandten, dass „alles Zahl sei": Alle Schönheit gründet sich auf eine arithmetisch-musikalische Struktur, auf deren Wiederentdeckung die „Aktstudien" abzielen – das Schöne, sagte Aristoteles selbst, der doch so wenig pythagoreisch ist, ist das wichtigste Objekt der mathematischen Argumentationen und ihrer Beweise.[73] Die harmonische Schönheit, die der Akt liefert, lässt sich also nicht auf die vom Auge wahrgenommene anatomische Regelmäßigkeit reduzieren, sondern ist vergleichbar mit der Vollkommenheit eines Akkords oder einer Konsonanz, deren Prinzip in einer numerischen „Gleichheitsbeziehung" liegt (Augustinus spricht von *aequalitas*), die all dieses Disparate vereint und es kommensurabel macht: Sie wird in die Figur des vitruvianischen Menschen münden, der, zugleich in einen Kreis und in ein Quadrat eingeschrieben, zum

Symbol der mathematischen Sympathie erhoben wird, die in deren Zwischenraum alle Welten aneinander bindet.

Wenn der Akt die Stütze des Schönen ist, oder wenn das Schöne von ihm ausgehend seinen Siegeszug angetreten hat, dann deshalb, weil er am besten jene *Vermittler*funktion garantiert, die diesem, wie wir noch einmal feststellen, zukommt: indem er die gegenseitige Durchdringung des sinnlich Wahrnehmbaren und des intellektuell Verstehbaren, die man ansonsten als drastisch getrennt ansieht, im Sichtbaren in Erscheinung treten und sogar in höchstem Maße sichtbar (*ekphanestaton*) werden lässt – und das gerade dort, wo es für den Menschen am wichtigsten ist, besser gesagt lebenswichtig, nämlich bei ihm selbst. Der Akt ist der große Versöhner einer zerrissenen Menschheit – das ist, denke ich, seine wirkliche Funktion. Der Akt verkörpert sogar umso besser die Schönheit, als es ihm gelingt, die beiden konkurrierenden Möglichkeiten in Einklang zu bringen, die die Griechen für sie entwickelt haben: jene des Schönen durch Triumph der einheitlichen und modellbildenden Form (von Platon zu Plotin) und jene des Schönen als Resultat der Proportion und der Übereinstimmung der Teile untereinander (in der stoischen Tradition). Der Akt ist in Wahrheit nichts anderes als eben dieser Syntheseschritt, wie er sich für das Schöne anbietet.

Denn einen Akt zu zeichnen oder in Stein zu hauen bedeutet zuerst, ihn in Übereinstimmung mit jener „Form-Idee" zu „formen" (*morphousthai kata to eidos*, sagt Plotin, Enneades I, 6, 2), welche der Geist am Ende seiner theoretischen Elaborationen in ihm wahrnimmt: Diese Form „ummantelt" durch ihre Grenzlinie nicht nur die fließende Masse der Materie, sondern sie verleiht ihr auch *distinctio*, um den Terminus des Augustinus wieder aufzugreifen, trennt sie säuberlich von dem, was sie umgibt – was bloß Kulisse ist –, und lässt sie hervortreten. Dass nun ein Akt den menschlichen Körper auf diese Weise über das Unbestimmte und Vergängliche emporhebt und ihm Zugang zum Sein verschafft, ist umso ergreifender, als sein nun durch nichts mehr bedecktes Fleisch das Zerbrechlichste ist, was es gibt, und sein Inkarnat das Zarteste und Verletzlichste. Wenn ich an die großen Aktdarstellungen denke, dann meine ich, dass es wohl genau hierin liegt, was sie zustande bringen. Indem sie den Körper vollkommen enthüllen, zerreißen sie zugleich das kontinuierliche –

und zum Vorhang gewordene – Gewebe der Phänomene, um endlich dahinter „blicken" zu lassen; sie brechen mit der Verschwommenheit der Rhapsodie unserer Sinne und isolieren ein eigentliches und endgültiges Wesen. Sie lassen mit einem Mal ein *Alles-ist-hier* des Gegenwärtigen aufkommen. Endlich ist *alles* sichtbar. Aus dem Innersten des sinnlich Wahrnehmbaren ziehen sie etwas Absolutes, dem es an nichts mehr mangelt, das nichts zu wünschen übrig lässt, und in dem der Mensch erstaunt sein eigenes Abbild entdeckt. Vor einem großen Akt (Botticelli, Leonardo, Poussin) macht der Mensch die einzigartige Erfahrung, dass er selbst das ist, was er als Objekt der Offenbarung oder „Parusie" zum Erscheinen bringt. Die ekstatische Sprache Plotins wirkt beim Kommentieren der großen Akte nicht übertrieben. Oder: Einen großen Akt zu betrachten bedeutet in jedem Fall, den Bereich der Metaphysik zu betreten.

Der Akt beantwortet andererseits, von der stoischen Seite her, jene für die Ontologie essentielle Frage: Was für ein eigenartiges „Wesen" ist der „Teil"? Denn dieser ist zugleich eins und nicht eins: eins, weil man ihn unterscheiden kann; und doch nicht eins, weil er als solcher nur mit anderen verbunden und in Abhängigkeit von ihnen existiert. Die Glieder des Körpers sind individuell genommen schön, verlieren aber zugleich ihre Schönheit, wenn man sie aus ihrer organischen Eingliederung abstrahiert: jener zwischen dem einen und dem anderen Finger, dann zwischen der Gesamtheit der Finger und der Mittelhand, dann der Handwurzel et cetera. (der *Kanon* des Polyklet). Denn ein Teil verliert seinen charakteristischen Wert, wenn er als Teil isoliert wird. Eine schöne Hand, die man, für sich allein betrachtet, an ihrem Platz im Körper gepriesen hat, büßt ihren Liebreiz ein, sobald sie von ihm getrennt wird.[74] Das Arbeiten am Akt entfaltet also die beiden komplementären Modi der Schönheit: sowohl das für sich selbst genommen Schöne (*pulchrum*) als auch das aufgrund seiner Angemessenheit Schöne (*aptum*); daher ist es eine Übung in jenen beiden eng verbundenen Operationen, auf die die europäische Vernunft seit den Griechen aufbaut: in konstitutive Elemente zu zerlegen und wieder zu einem einheitlichen Ganzen zusammenzusetzen. „Analyse" und „Synthese" (*diairesis* und *sunagôge* bei Platon; *discernere* und *conectere*, sagt Augustinus): Zugleich „unterscheide" ich jedes einzelne Glied, bis hin zum kleinsten Bestandteil des Körpers, um sein ihm eigenes Wesen zur Geltung zu bringen, und „verbinde" es mit den anderen, um die Integrität ihrer Gesamtheit zur Geltung zu bringen. In eben dieser Übung besteht der Akt.

Wer einen Akt zeichnet, der weiß, dass in der Frage der Schönheit tatsächlich alles davon abhängt: dass jeder Körperteil als individuelle Ressource genutzt wird, während er zugleich in eine Einheit einfließt, die ihn vergessen macht. Seneca: „Nicht jene Frau ist schön, deren Bein oder Arm man preist; vielmehr ist es jene, deren ungeteilte Schönheit nicht erlaubt, dass man seine Bewunderung bei einem einzelnen Teil verweilen lässt."[75] Denn es ist die Einheit der Teile im Ganzen, die zugleich der Ursprung als auch der letzte Zweck der Schönheit ist, sagt schließlich Augustinus, und versöhnt auf diese Weise die einen mit den anderen, Plotin mit den Stoikern: „Wenn man eine Augenbraue abrasiert, nimmt man vom Körper beinahe nichts weg, wie viel aber von jener!"[76] Wenn der Akt für die Kunst zentral ist, dann weil man an ihm den geringsten Mangel an Vollständigkeit am stärksten empfindet: Er lässt mehr als alles andere die Schönheit des Ganzen sichtbar werden – *pulchritudo in toto*. Mehr als irgendein anderes übt er sich in jener zweifachen Bewegung einer von der Einheit zum Äußerlichen der Vielfalt divergierenden Entfaltung und gleichzeitig einer auf dieses Eine, das seine „Seele" ist, konvergierenden Wiederkehr (die Kontinuität in diesem Punkt lässt sich von Augustinus bis Hegel feststellen[77]). Die Aktstudie ist also in den europäischen Schulen die logische Basis der Unterweisung im Schönen – „Akademie" hat seit Vasari diese beiden Bedeutungen.

In China hingegen nimmt die Unterweisung im Umgang mit Tusche und Pinsel in den alten Handbüchern ihren Ausgang beim Malen von Felsen. Während ein Akt seine feststehende Form aufzwingt, nimmt ein Fels alle Formen an, die man möchte. Es bleibt nur übrig, ihm eine Konsistenz oder „Konstanz" als Fels zu geben, von solcher Art, dass er nicht mehr als eine leblose Form sondern als eine kohärente Agglomeration erscheint. Denn vergessen wir nicht, dass man Felsen als „Wurzeln der Wolken" bezeichnet, da man es gleichermaßen, auf der einen wie der anderen Seite, stets nur mit Ausformungen von Energie zu tun hat, breiter gestreut in dem einen Fall und stärker verdichtet im anderen. Genauso wenig wie eine Wolke lässt sich übrigens ein Fels in seine Teile zerlegen – die Chinesen dachten nicht in Begriffen von Teile/Ganzes oder Analyse und Synthese, sondern in Begriffen von „leer“ und „voll“. Und indem man in seinem Pinselstreich das Leere und das Volle alternieren lässt, erlaubt man dem Vollen, ohne dass es fixiert würde, im Lauf seiner allmählichen Entleerung die Lebensenergie von einem Teil zum anderen sich mitteilen zu lassen: und selbst der Masse des Felsens, entsättigt und nicht länger opak, kontinuierlich den Zeugungsprozess offenzulegen, aus dem sie geboren ist.

Wenn man wiederum Personen abbildet, dann muss man, so empfiehlt uns die *Kunst des Malens*, darauf bedacht sein, in der Kleidung die Unterschiede der Epoche und des sozialen Stands zu berücksichtigen,[78] ebenso wie man sich bemühen muss, den Menschen in die Natur zu integrieren: Es schickt sich, dass er der Landschaft „entspricht“ und in stillem Einverständnis mit ihr verbleibt, wobei die Landschaft ihm ebenso „entspricht“. „Es ist, als betrachte der Mensch den Berg, und als beuge sich der Berg gleichfalls herab, um ihn zu betrachten.“[79] „Andernfalls reduziert sich der Berg auf den Berg und der Mensch auf den Menschen“: Wo wäre da die Landschaft? Weit davon entfernt, die Gestalt des Körpers zu maskieren (erinnern wir uns, dass man in Europa in der klassischen Epoche die Körper zuerst nackt zeichnete, um ihre Morphologie besser auszuarbeiten, bevor man sie bekleidete), lassen die Kleider die Zirkulation des inneren Atems und seines rhythmischen Pulsierens in den Verwerfungen und Wellen des Kleides und selbst in der Wallung des Gürtelbandes an die Oberfläche treten und sichtbar werden. Denn auch das, was wir „Körper“ nennen, konstituiert sich bei den Chinesen durchaus nicht als feststehende Form, sondern wird als ein Behältnis für Energie wahrgenommen, dessen umhüllende Linien sekundär sind (daher ihr geringes Interesse an der Anatomie und die äußerst große Aufmerksamkeit, die andererseits den internen Kreisläufen der Lebensenergie gewidmet wird). Wenn man Gesichter malt, sind es wiederum die inneren Triebkräfte (*yi*), die man zum Ausdruck bringen muss: Die Kontur kann vernachlässigt werden, aber drei Haare am Kinn oder einige leichte Fältchen am Augenwinkel lassen die geistige Dimension durchscheinen:[80] Zart, an der Schwelle des Sichtbaren, kaum erkennbar, vermitteln sie Belebtheit. Handelt es sich dabei noch um eine Vorstellung?

XVI. Die „schöne Vorstellung von einem Dinge“

Tatsächlich war im klassischen Europa eine grundsätzliche Anschauung so beherrschend, dass man sie nirgendwo in Frage gestellt sieht: Sie ist Teil dessen, was ich seine *einvernehmliche Grundlage* nennen werde, gehört zum Werkzeug des Denkens selbst – daher hat die Philosophie auf sie keinen Zugriff (die Bruchlinie der Moderne wird notwendig sein, um sie ins Wanken zu bringen). Kant nimmt sie, nach so vielen anderen, als selbstverständlich wieder auf, als er über das Kunstwerk zu handeln kommt (am Ende der dritten *Kritik*, § 48): „Eine Naturschönheit ist ein *schönes Ding*; die Kunstschönheit ist *eine schöne Vorstellung* von einem Dinge.“ Man sieht, was eine Definition wert ist. *Re-präsentieren* [frz. *représentation*, Vorstellung] kommt von der „Präsenz“ (*praes-ens*, heißt es im Lateinischen), die ihrerseits von *ens*, dem Sein, kommt, dessen Reproduktion durch die Kunst ja behauptet wird. Hier fügt sich eins ins andere; und wenn die Präsenz nicht mehr explizit als solche benannt wird, bleibt immer noch das *vor* von „vorstellen“. Es fügt sich sogar alles so gut ineinander, dass man Gefahr läuft, etwas zu übersehen, was dabei nichtsdestoweniger als eine folgenschwere Grundannahme wirksam ist, aus der sich in der Folge alles weitere ergibt; was sich allerdings zugegebenermaßen einschleicht, als wäre es bloß ein minimaler und gänzlich neutraler Unterboden: dass ein „Ding“ im Spiel ist, welches sich „vorn“ befindet. Das heißt, dass es dort, *vorn*, stets ein konstituiertes Seiendes mit einer stabilen Form gibt, isolierbar, transferierbar und zumindest äußerst vage benennbar, das wie das Modell vor dem Maler posiert: ein „Ding“, von dem das Kunstwerk, gleichfalls als „Ding“, allerdings von anderem Material, nur mehr die – wie gründlich bearbeitete! – *Verdoppelung* (wie es Hegel ausdrückt) zu sein braucht. Die „Schönheit“ drängt sich also als der notwendige Begriff auf, den durch diese Operation erzielten Gewinn zu benennen.

Die Schönheit ist also von nun an eine Sache der „Vorstellung", und die Vorstellung ruht selbst auf dem übergroßen, jedoch kaum offen sichtbaren Sockel der Ontologie: auf der Annahme, dass man es immer mit „Dingen" zu tun hat; dass es immer um etwas geht – *ti*, wie die Griechen sagen –, das zwar äußerst unbestimmt, aber doch bereits zum Stillstand gebracht ist, und die Konsistenz eines Objekts aufweist (zunächst eines Akkusativs; denken wir an den furchtbaren Gewaltstreich des Aristoteles, mit dem er setzt, dass „sprechen sagen bedeutet" und sagen wiederum „etwas sagen", *legein ti*, weil sich andernfalls das Wort auflöst und in die Nichtigkeit versinkt – uns in den Bereich des Nicht-Menschlichen kippen lässt[81]). Nun lässt sich diese so kompakte und deshalb so schwer zu erschütternde, vom „Ding" zu seiner „Vorstellung" führende Folge, die allerdings als solche die Grundlage der klassischen Philosophie in Europa gewesen ist, aus der Distanz endlich erhellen – wiederum durch den Unterschied, ausgehen vom chinesischen Außen. Denn die Faktenlage ist drückend: Es existiert im Chinesischen kein Ausdruck für „Vorstellung" (*xiang*, „Abbild-Phänomen", spricht von der Konfiguration). Was, insgesamt gesehen, logisch ist, denn das chinesische Denken hat sich nicht in den Verwerfungen des Seins entwickelt, sondern in Begriffen des Prozessualen (*dao*): Wie käme es dazu, das, was wir Kunstwerk nennen, als Vorstellung eines „Seienden" zu denken? Und der trennende Graben zieht sich noch tiefer (der Unterschied erhärtet sich): Das alte China hatte außerdem kein Konzept der theatralischen Repräsentation, die zweifellos auf der griechischen Seite der anthropologische Rahmen gewesen ist, von dem ausgehend das philosophische Konzept der *mimesis* gediehen ist.

Noch vielsagender scheint mir die Tatsache, dass die europäischen Übersetzer die Repräsentationsbeziehung immer wieder einbringen, so als handle es sich um ein notwendiges und zu nichts weiter verpflichtendes Gelenkstück – und zwar eben dort, wo das Chinesische sie nicht erwähnt, das heißt wo es (aus unserer Sicht) eine Leerstelle belässt, die aufzufüllen wir uns beeilen. Beispiele: „Ich habe hier bei mir", so wird übersetzt, „sechs Gemälde des Li

Cheng, [die] Schneelandschaften [repräsentieren]; oder „zwei sehr alte Gemälde, [die] Pavillons und Terrassen [repräsentieren]“[82]. Wo sich das Chinesische doch damit begnügt, zu sagen (Mi Fu): „[von] Li Cheng – Schnee – Szenerie – sechs Rollen“; oder „zwei Rollen – Pavillon(s) – Terrasse(n)“. Befund: Der chinesische Denker hatte es nicht nötig, das als Artefakt gesetzte Gemälde auf „etwas“ zu *referieren*, das der Welt angehörte. „Wenn die Alten Bäume malten“, übersetzt Pierre Ryckmans, „dann stellten sie sie in Dreier-, Fünfer- oder Zehnergruppen dar [*les représentaient*], wobei sie sie in all ihren Aspekten abbildeten, jeden seinem eigenen Charakter gemäß.“[83] Doch Shitao sagt genaugenommen: „Wenn die Alten Bäume zeichneten, in Grüppchen von drei oder fünf oder neun oder zehn, dann trugen sie Sorge, dass, in der einen oder anderen Richtung, ob *yin* oder *yang*, ein jeder ein eigenes Erscheinungsbild habe.“ Man kann natürlich wieder einmal der Auffassung sein, dass eine derartige Hinzufügung nicht mehr ist als eine Anpassung; dass ihr Zweck lediglich in der Bequemlichkeit liegt: Ein solches „Repräsentieren“ werde im Chinesischen stillschweigend angenommen, während die europäische Sprache die implizierte Beziehung um der Klarheit willen explizit machen müsse. Doch ich frage: Fügt man sich damit nicht – in kaum zu rechtfertigender Weise – ins allzu Naheliegende? Denn bedeutet das nicht, sogleich wieder in die Pressform der von uns erwarteten Anschauungen („darstellen/repräsentieren“, „abbilden“, „ihre“ eigene Erscheinung) einzupassen, was, insofern es eine Verbindung zu einem anderen Möglichen herstellt, danach verlangte, gesondert – und sogar als nicht zu versäumende Gelegenheit – gedacht zu werden? Wiederum ist es die Mühe wert, an diesem Faden zu ziehen, um zu sehen, was dahinter zum Vorschein kommt.

Denn was sich, auf der europäischen Seite, *dahinter* abzeichnet, ist nichts Geringeres als die Art und Weise, in der wir unsere Fähigkeit zur Erkenntnis – mehr noch als jene des Erschaffens – verstanden haben, wobei die „Vorstellung“ sich auf beiden Ebenen einschaltet und eine Verbindung zwischen ihnen herstellt: einerseits zwischen dem Geist und der Welt, deren Reproduktion das Kunstwerk ist; andererseits, dem vorausgehend, im Inneren des Geistes: Meine Gedanken sind selbst Repräsentationen. Kant vollzieht den Übergang vom einen zum anderen: Wenn das Kunstwerk die „schöne Vorstellung von einem Dinge“ sein kann, dann ist das dem inneren Vermögen zur Vorstellung geschuldet, das der Einbildungskraft zugehörig ist. Kant nennt „ästhetische Ideen“ jene von der Einbildungskraft hervorgebrachten Vorstellungen, die über die Grenzen jedes bestimmten Begriffs hinausgehen und die folglich umso mehr zu denken veranlassen, als keine Sprache sie verständlich machen kann. So lässt sich erklären, was wir alle wissen: dass die Kunst immer reicher ist, als das, was sich an ihr erklären lässt. Auf einer weiteren Stufe ist „Vorstellung“ ein Konzept, das, indem es sich in zwei Hälften teilt, zugleich die *Beziehung* ausdrückt, die das Kunstwerk zur Welt unterhält, und den *Beitrag* des Künstlers zu seiner Erschaffung (dank der verklärenden Macht der Einbildungskraft): somit liefert es eine Erklärung dafür, dass – eine Behauptung, die ebenso alt ist wie unsere Auffassung von Kunst, für die dieser Punkt rätselhaft geblieben war – sich eine schöne Vorstellung eines widerlichen Dinges erzeugen lässt. *Vorstellung* wird also das Konzept sein, das als solches die Schönheit ausreichend erklärt: „Man kann überhaupt Schönheit (sie mag Natur- oder Kunstschönheit sein) den Ausdruck ästhetischer Ideen nennen“, schließt Kant.

Ich muss indes zugeben, dass mir Kant an dieser Stelle nicht mehr sehr überzeugend erscheint; und dass er offensichtlich sogar Mühe hat zu verbergen, mit wie viel Gewalt er hier jene Aktivität, die wir als künstlerisch bezeichnen, der Alleinherrschaft der Vorstellung unterordnet. Doch wovon ist er eigentlich ausgegangen (zu Beginn des § 49 der *Kritik der Urteilskraft*)? Von dem, was er *Gemüt* nennt – was etwas ganz anderes ist, das zur Ordnung des Affektiven, der Laune und des Gefühlten gehört. Er spricht dann, unter Nennung mehrerer Beispiele, von dem, was „ohne Geist“ ist (ein Gedicht kann sehr gut gearbeitet und elegant sein, aber dennoch „ohne Geist“ et cetera.; oder ein Mädchen kann hübsch sein, gesprächig und artig, aber dennoch „ohne Geist“ et cetera). „Geist“ bezeichnet also „in ästhetischer Bedeutung“ seiner Definition gemäß das „belebende“ Prinzip (im *Gemüt*). Dann, ohne weiteren Übergang, setzt Kant im Ton einer nachdrücklichen Behauptung („Nun behaupte ich…“), dass ein solches Prinzip nichts anderes ist als jene *Vorstellung der Einbildungskraft*, die er „ästhetische Idee“ nennt, und kehrt damit zugleich zu seinen grundlegenden Kategorisierungen zurück – kehrt tatsächlich zu sich selbst zurück: Diese Vorstellungen der Einbildungskraft gehen über die Grenzen des Begriffs hinaus und bilden ein Gegenstück zu den Vernunftideen; im ersten Fall ist der Begriff nicht der Vorstellung der Einbildungskraft adäquat, und im zweiten ist ebendiese dem transzendenten Begriff eines Über-Sinnlichen nicht adäquat et cetera.

Indem er diese Ebene der Vorstellung einführt, oder vielmehr zum Zweck ihrer Einführung, hat Kant ohne weitere Rechtfertigung diejenige des Gefühls und der Empfindung hinter sich gelassen, und macht einen unerwarteten Schwenk hin zum Reinen des Intellekts (selbst wenn die Vorstellung der Einbildungskraft sich in der Folge von der Vormundschaft des Begriffs befreit): Man findet sich tatsächlich auf dem Gebiet der Erkenntnis wieder, von ihren Möglichkeiten allein in Beschlag genommen. Daher stellt sich die Frage: Was lässt uns der Gedanke der Schönheit, insofern er auf die Ebene der Vorstellung allein isoliert bleibt (die Schönheit als „schöne Vorstellung von einem Dinge"), an Verständnis für das Kunstwerks einbüßen, indem er mit dem *Gemüt* (dem Gefühl oder der inneren Disposition) und dem diesem zugehörigen *belebenden Prinzip* bricht? Warum hat man zugelassen, dass dieses Gemüt, von dem man indes wohl weiß – Kant weiß es genauso – dass es dennoch weiterhin dem Entstehungsprozess des Werks innewohnt und durchgängig Bedingung für ihn ist, unter der Vormundschaft der „Idee" verdeckt wird, ja sogar stirbt?

Ich stelle diese Frage, weil das chinesische Denken, das nicht dem resultativen Blickpunkt des Schönen folgt, gerade dies nicht zu tun braucht: Es unterscheidet die innere Motivation – das *Gemüt* – nicht vom Vermögen zur bildlichen Darstellung. Ein Begriff (*yi* 意) bringt in unteilbarer Weise beides zum Ausdruck, und ist dabei ebenso zentral wie in der klassischen europäischen Philosophie die „Vorstellung": Er bezeichnet ebenso den „Antrieb", der zum Malen veranlasst, wie das, was im Geist des Künstlers „erdacht" wird, bevor er den Pinsel ergreift, und weiter den durch das Gemälde ausgedrückte „Bedeutung" genauso wie eine poetische Bedeutung. Worin besteht also die Verbindung zwischen dem einen und dem anderen, welche dieser Ausdruck nicht zu zergliedern erlaubt? Es lässt sich darin keine Ebene der (schönen) Vorstellung isolieren („Intentionalität“ käme dem, wäre es nicht ein allzu technisches Wort, in seiner phänomenologischen Achtsamkeit nahe, weder den Ursprung noch die Gesamtheit des eröffneten Prozesses aus den Augen zu verlieren). Guo Xi sagt uns auf einer einzigen Seite, und stets unter Verwendung ein und desselben Begriffes *yi* 意 („Über das *yi* in der Malerei“), dass man, bevor man malt, im Inneren eine glückliche und friedliche „Disposition“ (1) hegen muss (*yise yueshi*), während zugleich ein gegenläufiges „Gefühl“ (2) des Unterdrückens als Hindernis wirkt (*zhiyi*); woraufhin durch stille Reifung, und zugleich in einem Verhältnis zu seinem Umsetzungsvermögen (das er „in Händen“ spürt: *qiao shou miao yi*), eine „Visualisierung“ (3) im Geist des Künstlers bewirkt wird, die dem depressiven „Geisteszustand“ (4, *yi*) entgegenarbeitet, der ihn sein Werk verabsäumen ließe; am Ende steht die „Lebendigkeit“ (5), die im Gemälde vermittelt wird (*sheng yi*). Dieser eine Begriff, so viele Male wiederholt und variiert, drückt zusammenfassend sowohl das aus, was durch eine innerer Neigung freigesetzt wird und der Entwicklung der Linien des Bildes Vorschub leistet, als auch die Bedeutung, die daraus hervorgeht; auch er ist nicht (ebenso wenig wie die anderen chinesischen Begriffe) vom Energetischen abgeschnitten.

Es ist hier also kein Platz für eine Philosophie des Schönen, da aus dem Antrieb, der den Maler zur Ausführung des Gemäldes bewegt, keine Bruchlinie entsteht, von der ausgehend sich, indem das Werk einen Platz gegenüber der Welt einnimmt, eine Repräsentationsbeziehung etablieren könnte. Ein Bild zu malen, bedeutet bekanntlich nicht unbedingt abzubilden (so wie Schreiben auch nicht unbedingt Beschreiben heißt): insofern Abbilden ein „Vorbild“ isoliert und es als „Objekt“ konstituiert. Es kommt folglich kein Moment dazwischen, in dem der Künstler in solcher Art auf das Schöne abzielte, wie es im Lauf seiner Arbeit derjenige tut, der einen Akt malt und dabei gleichermaßen die Form vor seinen Augen zum Zweck ihrer Reproduktion leidenschaftlich betastet, wie er danach trachtet, sie in eine ideale Gestalt zu bringen. Hier hingegen ist immerzu die Rede davon, wie der Maler zuerst langsam die Pläne für seine Bilder ausbrütet, während er auf seinen weitschweifenden Wegen beobachtet, mit welcher Kohärenz sich die Energie in den vielfältigsten Formen ausgestaltet; wie in der Folge das Werk, wenn er sich plötzlich durch seine innere Disposition dazu veranlasst fühlt, durch den gemeinsamen Zeugungsakt von Tusche und Pinsel augenblicklich verwirklicht wird – es gibt keinen Platz für eine Vermittlerfunktion, welche die „Vorstellung" ausfüllen könnte: Wenn er seinen Pinsel ergreift, so sagt man uns, ist es, „als sei bereits alles vollendet"[84]. „Die Berge und Täler sind von Anfang an in seiner Brust enthalten, und wenn die Tusche einmal zu fließen beginnt, bewegt sich der Geist ganz natürlich mit schnellem Schritt."[85] Es genügt also, dass nichts in seiner inneren Disposition sich dem in den Weg stellt, was so geradlinig von seinem „Herzen" (oder seinem „Geist", *xin* 心) in sein „Handgelenk" übertragen wird.

Nicht das Vermögen zur Vorstellung ist es also, was herauszustellen die *Kunst des Malens* sich eifrig bemüht, sondern, diesem vorausgehend, die *Disponibilität*, zu welcher der Maler Zugang zu erlangen weiß, indem er erlaubt, dass die Leere in ihn eindringt, eine Disponibilität, die umso „schwieriger" zu erreichen ist, als dies weder auf Kommando geschieht noch sich durch Anstrengung erwirken lässt. Sie ist die entscheidende Fähigkeit, die – allerdings ohne Mythologie (ohne Bezugnahme, gekünstelt oder nicht, auf die Transzendenz) – den Platz unserer „Inspiration" einnimmt. Schon bei Guo Xi heißt es: Seine [des Malers] „innere Disposition" (*yi*) sei heiter und friedlich, frei, offenherzig und ungezwungen, „dann werden der Ausdruck menschlicher Züge, ob lächelnd oder traurig, ebenso wie die Merkmale der Dinge, so vielfältig ihre Erscheinungen auch sein mögen, in seinem Inneren ganz natürlich ihren Platz finden und sich anordnen" (*bu lie yu xin zhong*; einmal mehr hat man hier mit „repräsentieren" übersetzt[86]): „Ganz unversehens erscheint all dies daraufhin unter dem Pinsel."[87] Shitao kommt gleichfalls in zwei aufeinanderfolgenden Kapiteln darauf zu sprechen: „Wenn der Mensch sich durch die Dinge täuschen lässt, dann verkehrt er mit dem Staub [der Welt]; wenn er sich von den Dingen lenken lässt, dann bürdet er seinem Geist Mühen auf." Oder weiter: „Wer seinem Geist die Mühen der malerischen Feinarbeit aufbürdet, der fügt sich selbst Schaden zu; wer sich vom weltlichen Staub der Tusche und des Pinsels täuschen lässt, der legt sich selbst Beschränkungen auf." Der Mensch „wird dadurch eingeengt, es geht bloß Verlust und kein Gewinn daraus hervor, und am Ende wird man seinen Geist nicht erquicken können“[88]. Kein wahrhaftiges Gemälde kann aus dieser Situation entstehen.

„Ich jedoch“, sagt stolz Shitao, „lasse die Dinge sich täuschen wie sie wollen, und den Staub mit dem Staub verkehren; auch leidet mein Geist keinen Mühen, und da er keine Mühen leidet, kommt in der Folge das Gemälde zustande“. Aus diesem Abwerfen inneren Ballastes, das Disponibilität generiert, entsteht *sponte sua* das Gemälde. Die Malerei verlangt also nach einer Art Hygiene: in der Nähe eines hellen Fensters, an einem aufgeräumten Tisch, nach dem Anzünden eines Räucherstäbchens, ohne sich weiter stören zu lassen, der Geist zugleich abgeklärt und konzentriert,und so weiter.[89] Sobald einmal die Empfänglichkeit des Künstlers ausgebildet ist, und er sich, im Laufe vieler Jahre, durch harte Arbeit, die Fähigkeit zum Umgang mit Tusche und Pinsel angeeignet hat, sind diese Bedingungen – und nicht die auf eine Objektivierung des Schönen abzielende Arbeit an der Vorstellung – für die spontane Zeugung der Linien des Bildes entscheidend; und sie sind als solche ausreichend. – Doch wird man es dabei belassen können? Denn selbst wenn es vom Blickpunkt der Produktion aus gesehen keinen Platz für das Schöne gibt, bin ich nicht etwa trotzdem, wenn ich das Gemälde nach seiner Fertigstellung betrachte, das heißt vom sogenannten Standpunkt der Rezeption, gezwungen zu sagen: „Das ist schön“?

XVII. „Das ist schön" – oder: Was kann ich anderes tun als zu „urteilen"?

Könnte ich angesichts der bläulichen Hügel, die sich, hier mit Wein, dort mit Olivenbäumen bewachsen, hinter den hellrot am Ufer des Arno aufgereihten Dächern abzeichnen, wirklich verzichten zu sagen, dass „es hier schön ist"? Diese banale Aussage, abgedroschen wie eine Aussage nur sein kann, diese Aussage, die ein jeder schon viele Male wiederholt hat – dieses immer gleiche Touristenwort, könnte ich es vermeiden? Lässt sich darin nicht ein menschliches Bedürfnis vernehmen, und vielleicht sogar das einzige, das unsere Menschheit versöhnt? Jenes nämlich, in diesem ganz besonderen Ausdruck, und sei es, dass man ihn nur für sich selbst flüstert, mitzuteilen, dass man das absondert und heraushebt, was sich gerade vor einem darbietet, und wessen sich der plötzlich überwältigte Blick bemächtigen will. „Schön" ist das pauschale, und als solches unumgängliche, Adjektiv des Beifalls für das sich dem Blick „Entgegenwerfen" – und ihn „Überwältigen" – dessen, was in der Folge als „Ob-jekt" aufgefasst wird. Und desgleichen vor den Bronzeskulpturen des Bargello oder den strahlenden und so deutlich hervortretenden Farben der Gewänder der Apostel, und ihren Posen, in der Brancacci-Kapelle. Was kann ich *vor diesen* anderes tun, als im selben Moment zu erkennen wie zu behaupten: „Das ist schön!". Wer wollte diesen so charakteristischen Ausruf der Anerkennung zum Verstummen bringen, der in Gestalt einer einvernehmlichen – anonymen – Losung als Erkennungszeichen unter den Menschenmassen kursiert, und den unweigerlich ein jeder hie und da im Munde führt? Und gewiss werde ich, sofern ich denn *ein Urteil ausspreche*, angesichts der Wasserfälle, der gekrümmten Kiefern und der kleinen Täler mit ihren aufsteigenden Nebelschwaden in den Gemälden des Guo Xi desgleichen tun. Ich werde genauso auf dieses Passwort zurückgreifen, werde unausweichlich wiederum verkünden, dass „das schön ist“.

Doch was mache ich eigentlich, wenn ich sage, dass „das schön ist“? Gewiss, ich *grenze ab*, ich hebe zugleich hervor und unterstreiche, zeichne aus und fördere, doch vielleicht verschnüre ich eben dadurch auch, isoliere und entledige mich der Sache. „Schön“ beglaubigt und gibt ein Gütesiegel; folglich wird damit bereits ein Entlastungsurteil gesprochen. Aus dem, was „vor uns ist“, sondert „schön“ ab und löst heraus, will sich bemächtigen, befreit uns aber, sobald dieses Urteil einmal ausgesprochen ist, von der Angelegenheit. Wie wenn man fotografiert und das Bild in die Schachtel legt: Die Touristen steigen erleichtert wieder in den Autobus, bei ihrem Stelldichein mit dem Schönen haben sie einen Punkt abgehakt. Ich misstraue diesem „Das ist schön!“ als einer bequemen Art, sich endgültig zu lösen, einen, wie man sagt, Schlusspunkt zu setzen und Abschied zu nehmen. Vielleicht ist aber gerade dieses „Davor-Sein“ der Präsenz (des *prae-ens*) – deren Widerhall die Re-Präsentation ist – gar nicht so selbstverständlich: Ich versenke mich in diese menschenleeren Täler, die eine so erstaunlich begabte Hand geschaffen hat, heißt es in der altchinesischen *Kunst des Malens*, ich wandle darin, schweife herum, „ziehe meine Kreise“ (*you*; zu diesem Thema wäre die erste Seite von Guo Xi noch einmal zu lesen). Ich treibe mich zwischen diesen Bergen und Gewässern um, durchdrungen von ihrem endlosen Wechselspiel, ruhe mich dort aus, weltvergessen, und erhole mich… Ich vernehme in ihnen noch schwach die Rufe der Affen und das Branden des Wasserfalls… Wenn sich hier das Urteil „schön“ nicht einstellt, dann deshalb, weil – in dieser „Stimmung“ – keine auch noch so hinfällige Objektivitätsbeziehung Konsistenz erlangt. Denn „schön“ ist unweigerlich mit dem *Davor* eines Vor-der-Welt verbunden, einem „Davor“, das, indem es durch den Blick zergliedert, plötzlich danach verlangt, Unterscheidungen zu treffen, sich im Stillstehen zu äußern und ein Urteil auszusprechen. Im Stillstehen vor der Welt, wie man vor einer Aktdarstellung stillsteht.

Urteilen („es ist schön“), dieses kompakte Verb, durchzieht das gesamte europäische Denken und findet sich von der einen Sprache zur anderen wieder. Insofern es zwischen Begriffen unterscheidet, die in ihrem monolithischen Charakter in so drastischer Weise als

Alternativen erkennbar sind, hat man es von der juristischen Institution auf eine dem Geiste eigentümliche Fähigkeit übertragen. Schön *oder* hässlich bildet eine Reihe mit „richtig oder falsch" und „gut oder schlecht". Doch insbesondere bezogen auf das Schöne offenbart sich das Urteil als eine in und für sich selbst zu kultivierende Fähigkeit. Denn angesichts des Schönen, sagt Plotin, „spricht" oder „äußert sich" die Seele (*legei*) „als habe sie Kenntnis", „erkennt es wieder und nimmt es an" (*Enneades* I, 6, 2 und 3). Denn „nichts ist souveräner als sie [diese Fähigkeit] im Urteil (*eis krisin*) über die Dinge in ihrem Bereich." Dieses Vermögen wird tatsächlich deshalb als absolut souverän bezeichnet, weil es Herr über seine Entscheidungen ist und nur von sich selbst abhängt angesichts dessen, worüber es sich anschickt zu „urteilen". Im Hintergrund nimmt man unvermeidlich jenes politische Ideal wahr, das sich in Europa entwickelt hat: „Das ist schön" drückt die Hegemonie eines Subjekts aus – setzt sie überhaupt erst –, das seine Autonomie gegenüber dem behauptet, wie die Welt sich vor seinen Augen gestaltet; was es als „schön" absondert und wiedererkennt, das hält es unmissverständlich auf Distanz und unterwirft es der Jurisdiktion eines „selbst". Denn wovon würde diese Fähigkeit der Seele in ihrem Urteil ausgehen, fährt Plotin fort, wenn nicht von einer in ihrem Inneren festgelegten Regel? Sie „spricht sich in dieser Weise aus", weil „sie sich mit der Idee (*eidos*) abgleicht", welche ihr innewohnt, jener Form-Idee der Schönheit, derer sie sich bedient „wie man sich eines Richtscheits – *Kanons* – bedient, um zu beurteilen, was gerade ist" (ebenda). Aus diesem so souveränen „Urteilen" (*krinein*) geht jene Funktion hervor, die man die „kritische" nennen wird, und deren spezifischer Gegenstand das Schöne ist. Die klassische Philosophie in Europa wird sich weder von dem einen noch vom anderen lösen können. Sie wird hartnäckig die Idee eines Urteilsvermögens weiterführen, welches, wie es noch Kant ausdrückt, „in Sachen der schönen Kunst aus eigenen Prinzipien den Ausspruch tut" (*Kritik der Urteilskraft*, § 50); und zugleich vom Schönen als eigentlichem Objekt dieser Urteilsfähigkeit, welche wiederum erst das Schöne ans Licht bringt. Das eine ist im Hohlraum des anderen gediehen: Wir hätten nicht so viel über das „Schöne" nachgedacht, hätten wir nicht dieses so zentrale Verfahren des „Urteilens" ersonnen.

Nehmen wir Kant vom Anfang her noch einmal auf. Wieder einmal sagt der erste Satz bereits alles, ohne die Implikationen dessen in Erwägung zu ziehen, was er voraussetzt und woran dieses „alles“ hängt. Denn was sagt Kant zur Einleitung, im Übrigen nicht bezüglich der Hervorbringungen der Kunst, die *in fine* erwähnt werden und von denen aus wir uns ihm angenähert haben, sondern bezüglich des Geschmacksurteils, das sogleich, mit der ersten Fußnote, als das Vermögen zur Beurteilung des Schönen definiert wird? (*Kritik der Urteilskraft*, § 1.) „Um zu unterscheiden, ob etwas schön sei oder nicht“, beginnt Kant, „beziehen wir die Vorstellung nicht [...] auf das Objekt“, sondern „durch die Einbildungskraft [...] auf das Subjekt [...]“ Alles hängt nun von dem folgenden Dreieck ab: 1. Die Bewertung beruht gänzlich auf diesem „Urteilen“, das sich bewusst für eine der Alternativen, schön und nicht-schön, entscheidet; 2. die Vorstellung (Repräsentation) dient zugleich als alleinige Stütze und als Medium für dieses Urteil; 3. die wirksame Unterscheidung ist jene zwischen dem Subjektiven und dem Objektiven, wobei das Subjekt „sich selbst“ beim Urteil über das Schöne wahrnimmt, „ wie es durch die Vorstellung beeinflusst wird“. Die drei Punkte werden tatsächlich durch das Schöne verbunden und zusammengehalten. Dieses erlaubt, ein spezifisches Vermögen des Erkennens und Urteilens zu unterscheiden, welches nicht mehr das determinierende Urteil des Bewusstseins ist, sondern jenes „reflektierende“ Urteil – bekanntlich der entscheidendste Beitrag Kants auf diesem Gebiet –, das sich nun ohne den Begriff vollzieht und die gegebene Vorstellung nicht mehr auf ein Objekt, sondern einzig auf das Vermögen zur Vorstellung bezieht, durch das ein Subjekt sich wahrnimmt; worin es sich auf der anderen Seite auch von der Empfindung des „Angenehmen“ unterscheidet, welche ohne dieses Stadium der Repräsentation auskommt.

Es ist wohl wahr, dass die Chinesen diesen begrifflichen Dreifuß, auf dem das Schöne im klassischen Europa steht – Subjekt, Urteil und Vorstellung – später entlehnt haben, und man stellt sogar fest, dass sie heute ohne jede Nachfrage mit ihm hantieren. Die Globalisierung des Theoretischen ist wie eine Straßenwalze auch über dieses Gebiet gerollt. So hat man, durch Übersetzung aus dem Abendländischen, den Begriff der „subjektiven Beurteilung des

Schönen“ (*zhuguan shenmei*) geschaffen, und verwendet ihn sogar in der Übersetzung des *Shitao*, womit man es unlesbar macht.[90] In gleicher Weise hat sich der Begriff der künstlerischen oder literarischen „Kritik“ (*ping lun* 评论) aufgedrängt. Ich kann nicht anders, als mich erneut zu fragen, gegen den Strom dieser Assimilation, derer sich so wenige bewusst sind: Werden hier nicht, unter dem Deckmantel einer größeren begrifflichen Strenge, durch die das Abendland sich auszeichnen mag, stillschweigend anders geartete Zusammenhänge begraben, welche sich nicht in jene impliziten Entscheidungen einfügen, sondern diese im Gegenteil in vorteilhafter Weise transparent machen könnten? Inwieweit entspricht denn diese Funktion des „Urteilens“, so wie man sie auffasst, tatsächlich dem, was uns in dem alten chinesischen Verb (*pin* 品) vermittelt wird, das sowohl das hierarchische Klassifizieren als auch das Einordnen in Rubriken oder Kategorien bedeuten kann? Statt zu verkünden, dass „das schön ist“, *klassifiziere* ich in „Hochwertiges“, „Mittleres“ und „Niedriges“ (oder, stärker verfeinert, in „Hochwertig-Hochwertiges“, „Hochwertig-Mittleres“, „Hochwertig-Niedriges“, „Mittel-Hochwertiges“, „Mittel-Mittleres“ et cetera); oder, anstatt unter einen gemeinsamen Begriff – das „Schöne“ – zu subsumieren, für den in der Folge eine weitere Diversifikation erforderlich wird, *ordne* ich nach Rubriken, die sich wechselseitig nuancieren, eine Serie bilden und parallel zueinander laufen. Womit hat im Übrigen in China das seinen Anfang genommen, was wir heute literarische oder künstlerische Kritik nennen? Nicht mit Prozeduren des „Urteils“ (*krisis*), sondern mit der Klassifizierung der Beamten (in neun Grade, *jiu pin*), wie sie seit dem Han-Reich, vor zweitausend Jahren, in Erscheinung tritt, und wie sie später auf die Bewertung von Kalligraphen, außerdem von Malern und Dichtern übertragen wurde.

Eine Sammlung von Zitaten, kurzen Porträts und Sinnsprüchen, überliefert aus dem höfischen Leben unter Angehörigen der gelehrten Aristokratie (im 3.–5. Jahrhundert, das wichtigste Zeugnis dessen, was man, da es frei von weltlichen Sorgen war, das „reine Gespräch“ genannt hat, *qing tan*), lässt uns erkennen, welches Geschick man bei der Beurteilung von Persönlichkeiten entwickelt hat, aus der in der Folge die Bewertung der Künste hervorgegangen ist (*Shishuo xinyu*, Kapitel 9, „Pin zao"). Ich habe, zugegeben, lange Zeit in dieser Sammlung gelesen, stutzig gemacht und ohne wirklich zu wissen, was damit anzufangen sei – denn welchen theoretischen Gewinn könnte man aus all diesem Anekdotischen ziehen? Was soll man mit so vielen verschiedenen Vergleichen, Klassifizierungen und Reihungen anfangen, wo sich doch kein einheitliches Prinzip in diesen wahllos verstreuten Rubriken abzeichnet, die offenbar durch nichts organisiert oder auch nur ansatzweise koordiniert werden? Zugleich ist darin sehr wohl das Ergebnis einer stillen, lange gereiften Einschätzung zu erkennen, die frappierend ist in ihrer Lakonie und die man für wert befunden hat, überliefert zu werden. Im besten Fall zeichnen sich Trennungslinien wie die folgenden ab: Jemand ist einer ersten Person in Hinblick auf „Rückgrat und Energie" unterlegen, einer zweiten in Hinblick auf „Einfachheit und Anmut", einer dritten in Hinblick auf „Liebreiz und Glanz", einer vierten in jenem auf den „Stil seines Denkens" (§ 30) – dieselben Kategorien wird man nun bezogen auf ein Gemälde oder ein Gedicht unverändert wieder aufnehmen. Nichts wird weiter gesagt, was den Gedanken ausführen oder auch nur erklären und rechtfertigen würde, und in den meisten Fällen hat man es lediglich mit Bildern zu tun. Angesichts einer solchen begrifflichen Wallung, die nichts definiert, in der man bei Andeutungen bleibt, in der man die Einzelfälle, aus verschiedenen Blickwinkeln klassifiziert und wiederklassifiziert, defilieren sieht, von der sich jedoch nie ein Gesamturteil erhebt – und das, ohne dass man darin ein Gefühl eines Mangels feststellt, und sogar ganz so, als wäre dies die „reinste" Kunst, versteht man auch, dass das in Europa entdeckte „kritische" Handwerkzeug schließlich als die Rettung erschienen ist und man sich beeilt hat, es zu übernehmen.

Später habe ich begonnen, mich mit diesem ganzen Konglomerat vertraut zu machen – jawohl, es handelt sich in der Tat zuerst um *habitus* und nicht um Verstehen – indem ich beobachtete, wie darin jede Bewertung, so lapidar sie auch sein mochte, auf eine einfallsreiche und dennoch bloß skizzierte, niemals zum Thema ausgearbeitete, in sich jedoch Dimensionen der Existenz kondensierende Typologie verwies. Zum Beispiel, dazu passend, und wiederum im Rahmen einer Polarität: „Ich bin ihm überlegen darin, in Frieden abseits der Sorgen der Welt zu leben – er ist mir überlegen darin, bei einem feierlichen Anlass ungezwungen zu bleiben" (§ 22). Anstelle einer möglichen Monopolisierung durch ein Kriterium bleiben die Bewertungen *ausgeglichen*. So verästeln sich von einer Seite zur nächsten formelhafte Charakterisierungen, die, ohne sich von einem Begriff dominieren zu lassen, viel eher konnotativ als deskriptiv, mittels Annäherung, Paarbildung und Vergleich vorgehen, und die kaum etwas prädizieren (im Übrigen besonders schwierig zu übersetzen sind, insofern sie so stark von Eindrücken abhängig bleiben). Über den Einen: „streng und ernsthaft wie beim Eintreten in den Kaiserhof: ohne dass er sein Ansehen pflegen müsste, respektieren die Menschen ihn von sich aus"; über einen Zweiten: „so als betrachte man ein Waffenlager: man sieht nur Schwerter und Hellebarden"; über einen Dritten: „weit und grenzenlos sich erhebend: es gibt nichts, was hier nicht vorhanden wäre"; über einen Vierten: „wie wenn man einen Berg erklimmt und hinunterblickt: abgeschieden – verborgen – tief – weit" (ebenda, Kapitel 8, § 8). Die vier Bewertungen reichen in dieser Abfolge dazu aus, ein System zu bilden, sie spannen sich von einem Pol zum anderen, ohne dass allerdings eine einzelne von ihnen sich aufdrängen würde. Selbst wenn es um Personen geht, ist die Charakterisierung hier jene einer *Stimmung*, welche von ihnen ausgeht; sie beschreibt einen ausgeübten Einfluss, eine akkumulierte Tränkung solcher Art, dass sie das ganze Umfeld durchdringt; sie formt bereits eine Landschaft.

Nun ist die Wertschätzung von Malern und Dichtern aus dem Freiraum eben dieses Begriffs (*pin*) und in eben diesem Fahrwasser entstanden. Unter dem Titel *Bewertung von Gedichten* (*Shi pin*) hat man die Dichter hierarchisch klassifiziert (in „hochwertig"/ „mittel"/„niedrig"), indem man ihre Mängel von ihren Qualitäten sonderte (Zhong Hong, im 6. Jahrhundert). Man hat des Weiteren auch Modalitäten der Dichtung beschworen, die eine Abfolge bilden in solcher Weise, dass jede von ihnen den Exzess kompensiert, zu welchem die vorhergehende verleiten könnte (Sikong Tu, im 10. Jahrhundert). So könnte die erste, „Urenergie", zu einem Übermaß an Heftigkeit und Wirrnis führen – weswegen ihr die „Ausgleichende Schalheit" (2) folgt. Doch diese könnte zu einem Übermaß an Farblosigkeit und Sprödigkeit führen – weswegen ihr die „Schmückende Intensität“ (3) folgt. Doch diese könnte zu einem Zuviel an Fülle und Überfluss führen – weswegen ihr die „Versunkene Bestimmtheit“ (4) folgt. Diese jedoch könnte zu nachdrücklich werden – weswegen ihr die „Altertümliche Erhabenheit“ (5) folgt et cetera. In dieser Serie von poetischen Modi und Tonarten (insgesamt vierundzwanzig) erlangt kein einzelner Begriff die Vorherrschaft. Es findet kein Subsumieren unter das Schöne statt, vielmehr ein kontinuierlicher Ausgleich von einem Begriff zum nächsten, sodass die Bewertung nicht bei einem einzelnen Begriff Halt macht, sondern sich von einem Modus zum nächsten erneuert und das Spektrum geöffnet hält. Statt zu versuchen, eine einzige und deswegen notwendig rätselhafte Essenz zu definieren – wofür das Abendland eine solche Leidenschaft entwickelt hat – verfeinert man hier die Typologie des Vielfältigen durch eine Nuancierung, die Einzelfälle aneinanderreiht: Es führt wohl eine interne Logik vom einen zum anderen, und das System ist in sich geschlossen, doch ohne dass dabei irgendeine Perspektive dominieren würde, von der aus man sich einem einheitlichen Akt des „Beurteilens“ widmen könnte.

Desgleichen geschieht bei der Malerei (dieselbe kategorisierende Verwendung des Verbs *pin* 品): Systematisch werden die Maler durch Vergleich miteinander und durch Ziehung von Parallelen bewertet; man klassifiziert sie von oben nach unten nach hierarchischen Graden (seit der ersten Abhandlung des Xie He, dem *Guhua pinlu*). Selbst wenn von den Größten die Rede ist, erfolgt die Bewertung durch eine lakonische Evokation in Begriffen von „Energie“ und „Resonanz“ oder auch „Muskeln“ und „Knochen“, des Zugangs zur „geistigen Dimension“ (*shen* 神) oder einer Pinselführung, die so souverän ist, dass sie eine natürliche Wirkung erzielt (*miao* 妙), et cetera. Was Bilder von hübschen Frauen betrifft, so sagt uns Mi Fu, kann man sich wohl „bei ihrer Betrachtung amüsieren“ (*xi yue*), aber es ist unmöglich, sich mit ihnen auf ein „reines Spiel“ (*qing wan* 清玩) einzulassen, abseits der ausgetretenen Pfade der Dinge und frei von herkömmlichen Erwartungen.[91] Ich weiß nicht, wie ich diesen so wenig analytischen Ausdruck besser wiedergeben soll, der dennoch suggeriert, dass der Geist nun in seinem Austausch mit dem Gemälde ganz unbefangen seine Kreise zieht, Kodifizierungen und Zwänge hinter sich lässt und mit dem Unerschöpflichen in Berührung kommt. „Auskosten“ (*wei wan* 味玩), ein weiterer gebräuchlicher Terminus bei der Bewertung der Malerei, gibt im Modus einer stillschweigenden, sich in der Intimität unendlich verlängernden Konsumation das gleichzeitige Verschwinden zweier Dinge zu verstehen: jenes Äußeren, angesichts dessen man sagen könnte, dass „das schön ist“, wie auch jeden Prinzips oder alleingültigen „Kanons“, in dessen Namen man urteilen könnte. „Geschmack“ (*wei* 味) konnotiert gewisslich auch Genuss. Aber handelt es sich noch um „Genuss“ bei diesem Auskosten, in dessen Verlauf die Sinneswahrnehmung soweit ausgeklärt ist, dass ihr Geschmack zu „Schalheit“ wird und das sinnlich Wahrnehmbare sich in Richtung seiner Auslöschung bewegt? Dann „ergießt sich“ der Geist, wie man es uns ohne jede weitere Erklärung schildert: Er wirft Ballast ab und breitet sich aus, indem er die aus den Tälern aufsteigenden Nebel und undeutlichen, verstreuten Formen auf dem Seidenuntergrund verfolgt – hier und da, zwischen „es ist vorhanden“ und „es ist nicht vorhanden“ – im Begriff sich aufzulösen.

XVIII. Geht es um Lust?

Über Folgendes herrscht Einigkeit in Europa in jener Epoche, da die Ästhetik geboren wird: Das Schöne ist dadurch definiert, dass es „in uns Lust hervorruft", genau gesagt jenen der *aisthesis*. Man *beurteilt* das Schöne in Abhängigkeit von der *Lust*. Darüber können sich alle verständigen, Wolff, Diderot oder die Schotten. Somit lässt sich die Alternative zwischen dem Schönen und dem Hässlichen auf jene zwischen der Lust und ihrem Gegenteil zurückführen; oder, auf analytischere Weise ausgedrückt, die Lust nimmt im Urteil über das Schöne die Stelle des Prädikats ein. Nehmen wir ein weiteres Mal Kant von Anfang her auf: Um zu unterscheiden, ob etwas schön ist oder nicht, genügt es, die Vorstellung davon im Subjekt mit der Empfindung von Genuss oder Leiden – *Lust/Unlust* – in Relation zu setzen, die dieses empfindet. Was das Urteil über das Schöne von jenem der Erkenntnis unterscheidet ist, dass wir nun dank einer Empfindung des Wohlgefallens von der uns gegebenen Vorstellung Bewusstsein erlangen, wobei diese Empfindung sich an das Gefühl des Subjekts anheftet, lebendig zu sein, und solcherart, wie Kant sagt, sein Leben „intensiviert". Die hier wirksame Unterscheidung führt uns zu unserem Ausgangspunkt zurück: Bei der Lust, durch die sich das Schöne definiert, ist das Wohlgefallen nicht mehr von der Existenz des Gegenstands der Vorstellung abhängig, sondern von der „bloßen Vorstellung" als solcher und dem, was wir in uns selbst aus ihr machen.

Wir kennen bereits die Abtrennungen, die sich daraus ergeben und die dazu führen, dass der ästhetische Genuss bei Kant zur Drehscheibe seiner Philosophie wird – und dreht sie sich nicht möglicherweise sogar zu reibungslos, zugunsten des Systems in seiner Gesamtheit (sodass erst durch sie überhaupt ein System existiert)? Insofern er rein kontemplativ ist, unterscheidet sich die Lust am Schönen bekanntlich sowohl vom „Angenehmen" als auch vom „Guten", welche beide an der Existenz des Gegenstands der Vorstellung interessiert sind und so die Lust mit dem Begehrungsvermögen vermengen: wobei das Erste auf die Stimulation der Sinne eingeschränkt bleibt, während das Zweite ein Konzept des Sein-Sollens voraussetzt und dem praktischen Interesse der Vernunft dienlich ist. Da es sich nun weder auf das eine noch auf das andere zurückführen lässt, weder auf das Materielle der Sinneswahrnehmung noch auch auf die Vorschreibung der Vernunft, weil es von der Achtung ebenso wie von der Neigung gesondert ist, sich vom Konzept der Vollkommenheit ebenso wie von Reiz und Rührung unterscheidet, genügt dieses Lustempfinden, welches vom Schönen hervorgebracht wird, sich als solches jedoch vom Begehren abhebt – wie Kant schließlich behauptet, indem er sich von der klassischen Anthropologie freimacht und damit die Autonomie der Kunst begründet –, einen dritten Terminus hervorzubringen, der eine Verbindung zwischen den zwei großen Seiten der Philosophie herstellt: einerseits dem Vermögen, das Wahre zu erkennen (den Gesetzen der Natur gemäß), und andererseits dem, das Gute zu begehren (den Gesetzen der Freiheit gemäß). Das Vermögen, Lust zu empfinden, welches sich im Urteil über das Schöne offenbart, ermöglicht den Übergang vom einen zum anderen. Man könnte nun befürchten, dass auch Kant, wie all die Metaphysiker vor ihm, sich wieder einmal damit begnügt hätte, das Schöne, über den Umweg der Lust, die Rolle eines bequemen Vermittlers spielen zu lassen; er hat es jedoch verstanden zu beschreiben, worin diese Lust tatsächlich besteht.

Woher kommt tatsächlich dieses Gefühl von einer Blüte des Lebens, wie es die Lust am Schönen direkt hervorruft? Kants Antwort darauf ist bekanntlich die zugleich spontane und verhältnismäßige Weise, auf die unsere beiden Vorstellungsvermögen im Wechselspiel miteinander stehen, das eine sinnlich (die Einbildung), das andere intellektuell (der Verstand): wobei die Einbildung das Vielfältige der Intuition zusammensetzt, und der Verstand die Vorstellung durch seine Fähigkeit zur Begriffsbildung vereinheitlicht, ohne dass jedoch in diesem Fall ein bestimmtes Konzept intervenierte, da diese Vorstellung nicht der Erkenntnis dient. Was uns bei der Vorstellung eines Objekts, das wir als schön beurteilen, unmittelbar Lust empfinden lässt, hat daher mit der harmonischen Beziehung zwischen der Einbildung „in ihrer Freiheit“ und dem Verstand „in seiner Gesetzlichkeit“ zu tun, die es hervorruft, und in der Folge mit der gegenseitigen Belebung, die daraus entsteht. Es gibt hier in der Tat ein „freies Spiel“, welches durchaus an jenes „reine Spiel“ (*qing wan*) erinnert, von dem bei den chinesischen Gelehrten ihres Teils die Rede war. Doch bei Kant ist dieses Spiel als ein solches definiert, das die Erkenntnisvermögen untereinander treiben. Daraus ergibt sich ein Problem in diesem kantischen Versuch einer Klarstellung, das, wie ich meine, mit genau folgenden zwei Momenten zusammenhängt: Die Betonung, die zuerst auf dem Genuss (der *Lust*) allein liegt, ist in zu engem Sinne sensualistisch (im Geist des 18. Jahrhunderts), trotz der von Kant getroffenen Sorge, das Lustempfinden von der Sinneswahrnehmung zu unterscheiden (im Gegensatz zu ihrer „Vermengung“, wie sie im Begriff *aisthesis* gepflegt wird; doch lassen sich Wahrnehmung-Information und Wahrnehmung-Wohlgefallen so klar voneinander lösen, und reicht die Unterscheidung zwischen dem Objektiven und dem Subjektiven aus, diese Trennung zu begründen?). *Dann* ist die Betonung, die allein auf diesem Spiel der Vorstellungsvermögen liegt, zu intellektualistisch, trotz der Freiheit, die Kant ihm zuerkennt, denn es ist nunmehr nur noch von Erkenntnisvermögen die Rede, selbst wenn es sich – was ein Paradox bleibt – schon nicht mehr um Erkenntnis handelt. Das *Gemüt* wird einmal mehr unterwegs vergessen; und es ist der immer gleiche alte Dualismus, den wir dieser Schwierigkeit, die uns auf die eine *und dann* auf die andere Seite kippen lässt, vorgelagert finden.

Was teilt nun der chinesische Gelehrte von seinem Erleben angesichts eines Gemäldes mit? Doch wird zuerst einmal überhaupt im strengen Sinn (objektiv) „angesichts“ gesagt? Das Wort *dui* 对, das die chinesischen Texte geläufig verwenden, bedeutet zugleich, dass man sich gegenüber von etwas befindet, dass man ein Paar bildet und einen Dialog führt (wenn der Begriff dazu gedient hat, „Ob-jekt“ ins zeitgenössische Chinesisch zu übersetzen: *dui-xiang*, dann nur, indem man in unglücklicher Weise diese Beziehung der Paarbildung und des Einverständnisses unter den Tisch hat fallen lassen). Der Austausch, den man mit dem Gemälde unterhält, so erklärt uns in der

Tat Zong Bing, einer der ersten Autoren von Abhandlungen über die Landschaftsmalerei, im 4. Jahrhundert, hat seinen Ausgangspunkt in einer inneren Disponibilität, die in emblematischer Weise durch die Attribute der Gelehrten (Regulierung des Atems, Wein, Musik) beschworen wird, woraus sich ein intimer Prozess entwickelt:

> In Muße reguliere [ich meine] Atem-Energie,
> wische [meinen] Becher und bringe [meine] Zither zum Klingen,
> [ich] rolle die Gemälde auf und stehe ihnen mit Abstand gegenüber [führe Dialog] [you dui],
> im Sitzen erkunde [ich] die vier Winkel der Welt [...][92]

Der Übersetzer ins Französische hat in symptomatischer Weise ein allzu vorhersehbares „ich betrachte" (*je regarde*) eingefügt, das indes hier durch nichts angezeigt ist.[93] (nota bene, der Nicht-Sinologe findet diese Anmerkungen zur Übersetzung zweifellos ermüdend, aber er sollte verstehen, dass gerade all diese kleinen Hinzufügungen, die der Vermittlung dienen und die Übersetzung „fließender" machen sollen, bewirken, dass man es am Ende immer nur mit Variationen von Bekanntem zu tun hat und dass man, während man vermeint, chinesische Texte zu lesen, zu Hause bleibt). Es ist gleichfalls anzumerken, dass die Gemälde hier nicht ausgestellt werden (festgesetzt und permanent: als Tafelbilder), sondern für die Gelegenheit *aufgerollt*, im passenden Moment (wobei sie zur Qualität des Moments beitragen), für sich selbst oder unter Freunden. Entgegen der objektivierenden Wahrnehmung wird solcherart der Idee einer Weggefährten- und Partnerschaft der Vorzug gegeben, die man mit der (gemalten) Landschaft auf Augenhöhe eingeht und die das Konstituieren einer Repräsentationsbeziehung nicht zulässt – wie man aus dem Folgenden erkennen kann:

> Ohne mich den Anhäufungen der himmlischen Strenge zu verweigern,
> führe [ich], einsam, mit der unbewohnten Weite Dialog:
> Spitzen und Gipfel, hoch und gewaltig,
> Wälder in den Wolken, die sich ins Unendliche ausbreiten [...]

Die Beziehung, die man mit der (gemalten) Landschaft eingeht, hebt jede innere Sperre und Fokussierung auf, indem sie dazu einlädt, die majestätischen Formen bis zu ihrer Auflösung zu umkreisen; sie besänftigt und versöhnt. Auch geht es hier genaugenommen weder um das eine noch um das andere: weder um ein Lustempfinden, das dem Schönen eine konkrete Form gibt, noch um Funktionen der Erkenntnis, die sich auf seinen Anstoß hin frei entfalten; man kommt vielmehr zusammenfassend zu folgendem Schluss:

> Was bleibt mir also weiter zu tun?
> Den Geist sich ergießen zu lassen, das ist alles.
> Diesem Sich-Ergießen des Geistes,
> Was wäre ihm vorzuziehen?

Der *Lust* – Wahrnehmung oder Gefühl? – würde also als chinesische Kategorie dieses freie *Sich-Ergießen des Geistes* gegenüberstehen. Doch vergessen wir nicht, was „Geist" auf Chinesisch bedeutet (*shen* 神): nicht in erster Linie das Zusammenspiel der Fähigkeiten eines erkennenden Subjekts, sondern eine Verfeinerung und Ausklärung von Energie, die aus der Reglosigkeit in einen Zustand größere Beweglichkeit übertritt: Statt sich festzusetzen und opak zu werden, dehnt sie sich aus und entfaltet sich. Es gibt wohl Aufschwung und Bewegung, wie es Kant beschrieben hat, jedoch ohne dass diese sich, vom Lebendigen abgetrennt, intellektualisieren ließen (allerdings auch – der Preis der chinesischen Option – ohne dass sie sich analysieren ließen).

Ein anderer Autor einer Abhandlung einer Abhandlung über die Landschaftsmalerei, im 5. Jahrhundert, Wang Wei, schließt gleichfalls:

> Üppig grüner Wald – Wind breitet sich aus;
> Schäumende Wasser besprengen die Schlucht:
> Ach! Wie soll man all dies wie in der Handfläche kreisen lassen,
> dass dabei das Licht des Geistes herabkommt –
> von solcher Art ist das Wesen der Malerei.[94]

Hier tritt der von der Vorstellung bewirkte Bruch noch nicht in Erscheinung; „Geist" führt nicht zu einer Trennung zwischen

Objektivem und Subjektivem; die beschriebene Befriedigung lässt sich nicht als aus zwei, zugegebenermaßen untrennbaren, Aspekten zusammengesetzt denken, dem Lustempfinden einerseits, dem Spiel der Erkenntnisvermögen andererseits. Und wenn es denn Genugtuung gibt, dann gehört sie nicht der Ordnung der Wahrnehmung („der Lust") an, sondern jener der inneren Befreiung und Beruhigung. „Jedes Mal, wenn ich in dem leeren und stillen Raum Platz nehme", sagt uns Guo Ruoxu am Beginn seiner Abhandlung, „hänge ich hoch oben an der weißen Mauer eine Gemälderolle auf, und den ganzen Tag verweile ich ihr gegenüber – zurückgezogen – im Dialog mit ihr (*you dui* 幽对). Im Zustand völliger Öffnung, den ich dann empfinde, habe ich kein Bewusstsein mehr von der Größe des Himmels und der Erde, noch von den Verwicklungen der Dinge; noch weniger berühren mich die Zufälligkeiten von Gunst oder Ungunst in der Welt der Macht und des Profits; oder spekuliere ich über die Wahrscheinlichkeit von Erfolg oder Misserfolg…"[95]. Es ist vorbei mit innerer Unrast und Überladung, fährt der Autor fort im Beschwören einer Disposition, die als solche nicht in jenem eigentlichen Sinn ästhetisch ist, wie es bei Kant die Autonomie des Schönen über den Weg der Lust bewirkt. Denn sie hat zugleich teil an etwas, was wir in Europa nur noch mit Widerwillen aussprechen können, so klebrig ist der Begriff durch Jahrhunderte religiöser Rührseligkeit geworden, was aber dennoch plötzlich seinen vollen Sinn wiedererlangt gegenüber dem Nach-Außen-Kehren des Blickes, das die abendländische Malerei so sehr dominiert hat: nicht mehr am Blick, sondern an der „Andacht". *Blick* oder *Andacht*: Inwieweit können sie tatsächlich eine Alternative bilden?

Fang Xun und Kant gehören als Zeitgenossen dem letzten Jahrhundert an, da ihre beiden Welten noch nicht in ihrem Denken zusammengetroffen sind. Was sagt uns Fang Xun nun über die richtige Weise, ein Bild zu würdigen? Dem, was uns die Alten durch ihren Pinselstrich hinterlassen haben, ob es nun einfach ist oder komplex, „steht man gegenüber und führt damit Dialog" (immer noch dasselbe *dui*) in „ruhiger und schweigsamer" Art (*muran*), man meditiert darüber, „indem man seine Gedanken in die Ferne schweifen lässt" (*youran*), und „der Geist ist voll Tatendrang", „auf Wanderschaft"[96]. Dergestalt ist die der Malerei eigene „Heiterkeit", und „kein einziger sorgenvoller Gedanke kommt mehr zutage". Der Übersetzer ins zeitgenössische Chinesisch hat es für angebracht gehalten, hier einen Hinweis auf den „Genuss" anzufügen (*xinshang*: Weiß man denn seit Kant nicht tatsächlich *weltweit*, dass durch das Schöne Lust hervorgerufen wird?); doch der Begriff steht da nicht, und es zeigt sich sogar sehr deutlich, dass es sich hier nicht um „Genuss" handeln kann: Man bleibt, in stillem Einklang mit dem Gemälde, „nachdenklich". *Nachdenklich* ist die passende Modalität für diese Beziehung zum Gemälde. Denn es kann sich dabei streng genommen auch nicht um ein „Träumen" handeln (wie man sich im Abendland manchmal gefallen hat, es über die chinesischen Malerei zu sagen), da es ja zu keiner Weltflucht oder Verklärung kommt; sondern vielmehr zu einer „Läuterung" (Verfeinerung-Ausklärung), wenn sich denn auch diese Begriffe überhaupt von ihrer subjektivistischen Patina befreien lassen. Die (gemalten) Wolken, sagt derselbe Fang Xun, „waschen" unser Inneres, Blumen und Bambus „befrieden" unsere affektive Natur.[97] Was die Gemälde von Ni Zan oder Huang Gongwan betrifft, so zeigt sich in ihrer „Schalheit" immer wieder das fundamentale Vermögen, sowohl dem Geist der Verständigen „Ruhe zu verschaffen", wie auch das Übermaß an Energie der Ungestümen „zu besänftigen"[98]... Außerdem müssen diejenigen, die in eine Beziehung zu diesen Gemälden treten wollen, überhaupt erst für deren „Lauterkeit" empfänglich sein und sich auf ihre Höhe emporheben. Denn sie werden nicht auf das zählen können, was Kant, ausgehend vom Spiel der Erkenntnisvermögen, als die Allgemeinheit des Schönen gesetzt hat.

XIX. Demokratie des Schönen

Zweifellos hat folgender Punkt den Erfolg des „Schönen“ in Europa getragen, und ist außerdem mit der gesellschaftlichen Entwicklung und den politischen Entscheidungen der abendländischen Welt in ihrer Gesamtheit Hand in Hand gegangen: Das Schöne ist für jedermann zugänglich. *De jure.* Der Aufstieg des Schönen ging Hand in Hand mit der politischen Anerkennung der Massen; und in dieser Beziehung ist die Figur des *homo aestheticus* tatsächlich Trägerin unserer Modernität: Das Urteil über das Schöne offenbart eine Verbundenheit und eine Gleichheit der Subjekte, welche beide als Prinzipien gesetzt werden. Hierin liegt der entscheidende Gewinn, der durch das Schöne bewirkt wird, und den Kant auszuwerten verstanden hat. Daraus, dass die Befriedigung durch das Schöne desinteressiert und daher vom sie empfindenden Subjekt unabhängig ist, wird abgeleitet, dass sie für alle gleichermaßen gültig sein muss: Wenn ich das Urteil über das Schöne nicht meiner Individualität zuschreiben kann, bin ich berechtigt anzunehmen, dass es ein jeder teilen muss. Kants Hauptargument: Es ist möglich zu sagen „angenehm für mich“ (auf der Ebene eines Urteils der Sinne), „schön für mich“ hingegen wäre widersprüchlich, denn „schön“ verlangt an sich nach Billigung durch andere. Aus diesem Grund wird man das Schöne als eine Eigenschaft des Objekts behandeln, obgleich doch beim Urteil über das Schöne die betroffene Vorstellung bekanntlich allein auf das Subjekt sowie die Lust bezogen ist, die es in sich selbst empfindet.

Wie soll man aber die Behauptung einer solchen Universalität des *Urteils über das Schöne* rechtfertigen, da doch dieses Urteil ohne das einzig mögliche Werkzeug des Universellen, den Begriff, vonstattengeht, und da außerdem der Übergang von einem Begriff zum Lustgefühl, das jeder Einzelne nur persönlich empfinden kann, unmöglich wäre. Vor allem wenn man, wie es Kant möchte, diesem „Universellen" die starke Bedeutung eines Sein-Sollens gibt, anstatt darunter lediglich die Feststellung einer empirischen und komparativen Generalität zu verstehen: sodass ich, selbst wenn die anderen um mich herum mein Urteil über das Schöne offensichtlich in Frage stellen, dennoch weiterhin ihre Billigung einfordere. Gerade hier weiß Kant besonders gut die Dissoziation zu nutzen, die er zwischen Empfindung und Urteil, oder der sinnlichen und der intellektuellen Seite des Schönen durchgeführt hat, das heißt zwischen dem Empfinden von „Lust" einerseits und andererseits der „regelmäßigen" Beziehung zwischen Einbildung und Verstand, insofern sie Erkenntnisvermögen sind, auch wenn es sich dann bekanntlich nicht um Erkenntnis handelt (weiß sie so gut zu nutzen, dass man sich des Verdachts nicht erwehren kann, er habe diesen Nutzen im Auge gehabt und die vorangehende Analyse nur als Mittel zum Zweck durchgeführt). Da ein Universelles der Vorstellung nur in Verbindung mit der Erkenntnis existiert, kann das Urteil über das Schöne also nur dadurch Anspruch auf Universalität erheben (oder, wenn das Empfinden empirisch ist, ein Urteil *a priori* sein), dass es diese Erkenntnisvermögen ins Spiel bringt: das heißt, indem es eine konzeptuelle Fähigkeit (den Verstand) einbringt, selbst wenn kein konkreter Begriff hinzukommt (da das Urteil nicht determinierend ist). Daraus folgt, dass es der Vorgang des Beurteilens ist, gekoppelt an die Erkenntnis, der an der Quelle des Lustempfindens steht und nicht umgekehrt, was uns zur Individualität des „Angenehmen" zurückführen würde (dies ist der „Schlüssel" des Urteils über das Schöne, der sein „Rätsel" löst); und dass die „Lust", die wir aus dem Schönen ziehen, von der Tatsache abhängt, dass man es teilen kann.

Der essentielle Punkt in diesem Urteil über das Schöne, wie es von Kant analysiert wird, der daraus sogar einen entscheidenden Wendepunkt im Siegeszug unserer Modernität macht, ist, dass es eine Allgemeinheit offenbart, die, da sie nicht länger eine der Ordnung der Erkenntnis angehörende objektive Allgemeinheit sein kann, von neuer Art sein muss: als „subjektive Allgemeinheit". Es beruht auch nicht auf Beweis und Wahrheit (der „Apodiktizität"), sondern auf dem Vorgang des Beurteilens (in jedem Subjekt) selbst und der Zustimmung (die es von anderen erwartet). Worin das Schöne Träger einer neuen Auffassung von Politik ist, oder, darüber hinaus, einer Auffassung, die Politik macht, insofern es nun auf dem Urteil jedes einzelnen und dem Appell an die Zustimmung aller beruht, der neue Anspruch einer Menschheit, die die Transzendenz einer Autorität als altmodisch zurückweist. Wenn dem Schönen in den modernen Gesellschaften ein solches Gewicht zukommt, dann gewiss nicht aufgrund einer allumfassenden Ästhetisierung, sondern weil es, das ist oft gesagt worden, als Prototyp des politischen Urteils die früheren Hoheitsgewalten zu entthronen imstande ist. Noch mehr: Wir stehen in Kants Schuld dafür, gezeigt zu haben, dass es diese „Mitteilbarkeit" der ästhetischen Empfindung ist, die uns dazu führt, *a priori* einen „Gemeinsinn" des Menschlichen setzen zu müssen, der sich anders nicht feststellen ließe: Wenn ich sage, dass „das schön ist", erzeuge ich ein exemplarisches Urteil nach einer universellen Regel, die ich nicht benennen könnte – denn was ist das Universelle der *conditio humana*? –, die aber durch dieses Urteil nichtsdestoweniger illustriert wird.

Dies führt uns zugleich auch zu einem bereits behandelten Punkt zurück. Waren wir mit unserem Spott nicht zu voreilig? Denn dieses „Das ist schön", das die Touristen an den Ufern des Arno oder angesichts der Statuen des Michelangelo gedankenlos fallen lassen, dieses „Das ist schön" als Passwort der Menschheit, enthüllt schließlich, so konventionell es auch scheinen mag, nichtsdestoweniger eine Universalie des Menschlichen, die uns ansonsten entginge. Noch entscheidender: Im Licht des Urteils über das Schöne werden wir lernen, eine Universalie des Menschlichen zu befördern, die nicht vorgefertigt ist. Im Erkenntnisurteil wird das Universelle tatsächlich fix und fertig durch den Verstandesbegriff bereitgestellt, und es reicht aus, es zur Anwendung zu bringen; im Fall des Schönen jedoch, so zeigt uns Kant, ist das Urteilsvermögen dazu aufgerufen, durch das adäquate Spiel der Einbildung und des Verstandes jenes Universelle zu *entdecken*, welches *diesem Partikulären angemessen ist.* In diesem Sinn orientiert das Urteil über das Schöne die Menschheit auf ein Universelles hin, das nicht mehr vorgegeben ist, im vollendeten Zustand von einer sogenannten „menschlichen Natur" geliefert und als solches wie mit dem Fallschirm abgeworfen (als

Teil einer ideologischen Fiktion); wo es doch gerade ihre Berufung ist, dieses, von ihrer *Reflexion* ausgehend, selbst *hervorzubringen*.

Zur Illustration, um zu zeigen, wozu „das Schöne“ uns nun nützlich ist: Die Universalität des Urteils über das Schöne ist nach meinem Empfinden exemplarisch für das, was die Universalität der Menschenrechte, als Universalität von Subjekten (*subjektive Allgemeinheit*), sein sollte. Zumindest wenn man sich nicht weiter damit zufriedengeben will, diese als jenes universalistische *credo* aufzufassen, zu welchem sie Europa so lange Zeit gemacht hat; umgekehrt sollte man sich allerdings genauso nicht damit abfinden, sie zu relativieren, oder auch sie auf ein „Minimum“ zu reduzieren, dessen Umfang festzulegen man in der Folge große Schwierigkeiten hätte.[99] Denn das Schöne kann Förderer der Demokratie sein, insofern es die Autonomie des Urteils begründet: Im Fall des Urteils über das Schöne, betont Kant, verlangt „jedermann“ selbst zu sehen und urteilt auch selbst, ohne sich das Urteil von anderen diktieren oder sich, in der Herde und beeinflusst, von Slogans oder Prinzipien leiten zu lassen. Man hat seit Arendt die dritte *Kritik* vielfach unter diesem politischen Blickwinkel neu gelesen, und es erstaunt tatsächlich festzustellen, wie bahnbrechend Kant in diesem Punkt ist: Man möchte die Gesamtheit der Stimmen „auf seine Seite bringen“, das Schöne ist Objekt von „Abstimmungen“, es eignet sich nicht zum Disput (der fruchtlos wäre, das es um keine Wahrheit geht), sondern zur „Diskussion“ (wodurch das Meinen seine demokratische Fruchtbarkeit erlangt), und so weiter. Kant geht sogar so weit zu zeigen, wie eine solche Demokratie von selbst in Intoleranz umschlagen kann: Indem ich einfach behaupte, „das sei schön“, lasse ich die anderen nicht denken, wie sie es wollen; selbst wenn mein Urteil in Frage gestellt wird, fordere ich dennoch die Zustimmung aller ein, und so weiter.

Entscheidend ist in jedem Fall das Faktum, dass das Urteil über das Schöne für alle gilt und daher aus Prinzip alle sich davon betroffen fühlen; dass es daher, indem es die Zustimmung der anderen reklamiert, eine *Öffentlichkeit* schafft. Wenn sich der Modus der Wertschätzung, der in China in jenem Bereich, den wir die Kunst nennen, bevorzugt wird, davon unterscheidet, dann zuvorderst, wie ich glaube, in folgendem Punkt: nicht so sehr darin, dass der

Geschmack dort aristokratischer oder elitärer wäre (diese Reduzierung der Öffentlichkeit ist sekundär, und auch das Abendland hat sich zu einem solchen *to the happy few* bekannt, welches das Vulgäre auf Distanz hält), sondern darin, dass sich dort keine Öffentlichkeit und kein öffentlicher Raum konstituiert haben, was sich ebenso gut auf der politischen Ebene feststellen lässt, wie es die Nicht- oder Unterentwicklung der Demokratie in China bezeugt. Vergessen wir auch nicht die Abwesenheit des Theaters und vor ihm des Epos im alten China; wie auch der Figur des Redners, der vor der Versammlung seine Reden hält – es gibt in China keine Agora. Auch findet die Wertschätzung hier durch stillschweigende Übermittlung von Person zu Person statt, oder besser von Innerlichkeit zu Innerlichkeit (*ishin denshin*, sagen die Japaner), wobei die eine in einem privilegierten, diskret gehaltenen Austausch die Qualität der anderen erkennt. Auch ist das universalistische „Das ist schön", das eine prinzipielle *Mitteilbarkeit* voraussetzt und damit die anonyme, unbegrenzte Mitteilung aus der Distanz rechtfertigt, dort logischerweise kaum in Gebrauch.

Wir werden von dieser Kunst der diskreten Wertschätzung, die sich davor hütet, ruchbar zu werden, ein klareres Bild bekommen, wenn wir jene Kompilation von Meinungen, Aussprüchen und Anekdoten noch einmal aufschlagen, von der wir gesehen haben, dass sie in China das inspiriert hat, was wir Literatur- oder Kunstkritik nennen (*Shishuo xinyu*, Kapitel 8 und 23). Seit Wei Yong bei Wen Qiao als Beamte gedient hatte, schätzte dieser ihn sehr. „Wann immer es ihm einfiel, begab er sich zu Wei Yong und brachte ihm Wein und getrocknetes Fleisch mit." „Im Sitzen, mit gegrätschten Beinen", das heißt unbefangen und ohne jede Zeremonie, „verbrachten sie den ganzen Tag einander gegenüber" (immer noch jenes *dui* der Übereinstimmung und des Einverständnisses); „und wenn Wei Yong sich zu Wen Qiao begab, dann ging es ebenso" (Kapitel 23, § 29). Das bedeutet, dass die zwischen ihnen geknüpfte Beziehung, die in ihrer Intimität befriedigt und der jedes Protokoll ebenso wie jede Hierarchie fremd ist, nichts von anderen erwartet und darauf verzichten kann, publik gemacht zu werden: nicht eigentlich von der Außenwelt abgeschlossen, aber „zurückgezogen", mit dem angemessenen Abstand vom Geschwätz und von den Urteilen, ihrem Einverständnis gegenüber gleichgültig. Diese Zeit der Kommunion kennt nur sich selbst und will sich an nichts messen, verzichtet auf Billigung und erhebt keinen Anspruch darauf, nach außen getragen zu werden.

Oder auch: Eines Nachts, als Xu Xun sich zum Kaiser Jian Wen begab, „war der Wind sanft, der Mond klar und hell, und sie führten miteinander ein Gespräch in einem abgelegenen Gemach. Xu Xun verstand sich besonders auf die Schilderung von Gefühlen, doch dieses Mal gingen Reinheit und Anmut seines Ausdrucks über jene anderer Tage hinaus". „Obwohl er an und für sich an den Verkehr mit ihm gewöhnt war, seufzte der Kaiser bei diesem Zusammentreffen vor Bewunderung; und ohne dass sie sich dessen inne wurden, harrten sie Knie an Knie und Hand in Hand im Gespräch miteinander aus, und das, bis sich der Tag erhob" (Kapitel 8, § 144). Einzig der *Moment* ist in diesem Austausch wichtig, und es ist nicht von Interesse, irgendetwas davon nach außen zu kommunizieren: die Begebenheit ist alles, und nichts kann aus diesen Umständen herausgelöst oder transferiert werden. Allerhöchstens wird der Kaiser sagen: „Männer von solchem Talent und von solcher Empfindsamkeit sind nicht leicht zu finden!". Die banalste Formel, die man sich vorstellen kann, eine Formel, die nichts von einem Urteil hat, sondern sich damit begnügt, auf eine Fülle hinzuweisen, die verlängern zu wollen zu nichts führen würde – noch auch, jemanden daran teilhaben zu lassen.

Als He Xun unterwegs nach Luoyang war, mit der Bestimmung, dort eine Position am kaiserlichen Hof zu übernehmen, kam sein Boot unter dem Prachttor von Suzhou zu passieren; er spielte gerade auf dem Boot die Laute, da hörte Zhang Han, der ihn nicht kannte, ihn von oben auf einem Pavillon. „Als er hörte, wie rein die Klänge waren, stieg er zum Boot hinab, um He Xun zu treffen, und kam mit ihm ins Gespräch" (Kapitel 23, § 22). „Sie beide empfanden tiefe Freude", und als He Xun ihn davon unterrichtete, dass er auf dem Weg in die Hauptstadt war, beschloss der andere, ohne überhaupt seine Familie zu benachrichtigen, mit ihm fortzugehen... Wie bezeichnete man nun im alten China das, was wir heutzutage (weltweit) einen „Kritiker" nennen? Mit keinem anderem Wort als „Klangverständiger" (*zhi yin* 知音). Da die Idee einer Öffentlichkeit sich nicht konstituiert hat, zählt allein die persönliche Empfänglichkeit: ein guter Kritiker ist derjenige, der sich zum *Einklang* erheben kann.

Im wichtigsten Werk der Reflexion über Literatur in China (das allerdings erst mit Verspätung anerkannt wurde, das *Wenxin diaolong*, aus dem 5. Jahrhundert), wird dieser Funktion ein Kapitel unter eben diesem Titel gewidmet. Nach den üblichen Beschwerden über die Seltenheit wahrer Kenner – die meisten seien viel zu parteiisch oder es mangle ihnen an Erfahrung – gibt es Einblick in die stillschweigende Intimität, von einer Innerlichkeit zur anderen, in deren Rahmen diese Tätigkeit konzipiert wird.[100] Ein Glücksgefühl entsteht dadurch, heißt es, „vergleichbar mit jenem, das man im Frühling beim Besteigen einer Terrasse empfindet, die den Sonnenstrahlen ausgesetzt ist"; und das literarisches Werk kann seine schönen Eigenschaften verströmen, „ebenso wie eine Orchidee stärker duftet, wenn man sie an seinem Körper trägt…". Was soll man nun aus diesen Bildern herausholen? Zumindest Folgendes: Wiewohl immer noch zwischen Mängeln und Qualitäten zu unterscheiden ist, erfolgt das „Hören" eines Werks in China gleichfalls über Prägnanz und „Tränkung" (*ze* 泽), durch das Freisetzen einer Resonanz, gar durch das Befördern einer Stimmung, anstatt dass man theatralisch nach allgemeiner Zustimmung heischte.

Alles hängt folglich von der geistigen Verfassung ab, in der man sich dem Werk nähert. „Wenn ihr das Gemälde in einem oberflächlichen Geiste betrachtet", sagt Guo Xi, „vernebelt ihr den Blick / das spirituelle Schauspiel" und „bringt Schmutz in die Lauterkeit des Windes"[101]. Vom „Wind" ist die Rede: immer noch von unmerklich zirkulierendem Fluss und von Ausbreitung; auch von „Lauterkeit": Es handelt sich stets um Reinigung und Ausklärung von Energie, und zwar ohne dass zwischen Objektivem und Subjektivem eine scharfe Trennung erfolgt. Um Anschluss an diese „Lauterkeit" des Werkes (*qing* 清) zu finden, muss man sich selbst zu innerer Lauterkeit erheben, so wird uns wiederholt mitgeteilt, indem man sich von jeder Opazität loslöst, die ein Hindernis dafür bilden könnte – es geht hier weniger um Elitismus als um das Vermögen zur Loslösung, wir kommen darauf zurück, und zur „Andacht". „Wenn ihr euch im Geist der Wälder und Quellen dem Gemälde nähert, dann ist sein

Wert hoch; wenn ihr es aber in selbstgefälligem und zerstreutem Geist tut, dann ist sein Wert gering" (ebenda). Oder, wie es Fang Xun sagt, der Zeitgenosse Kants: Jedermann kann erkennen, ob derjenige, der mit Richtscheit und Richtschnur hantiert, geschickt ist oder ungeschickt; wenn jedoch unsere inneren Triebkräfte dem Pinsel und der Seide mitgeteilt werden, hat, wer nicht selbst über ein hochstehendes Innenleben sowie eine über das Gewöhnliche hinausgehende Scharfsicht verfügt, keinen Zugang zu dem, was da vor sich geht und in so natürlicher Weise glückt (*miao*).[102] Ein Gedanke von kaum zu überbietender Banalität, welcher die alte chinesische Weisheit aufgreift, gemäß derer „je besser die Musik ist, jene umso seltener zu finden sind, die mit ihr in Einklang kommen", der aber hier etwas Wichtigeres durchscheinen lässt: dass die Wertschätzung von Bedingungen abhängig ist (des Zeitpunkts, der Disposition, des Partners...) und nicht das Wesen einer universellen Vorschrift hat, welches das Schöne ihr in abstrakter Weise unterstellt; dass sie im Übrigen aus einer stillen Reifung hervorgeht und aus einer Entwicklung, anstatt hervorzubrechen, wie es der „Schock" des Schönen tut, der sich uns herrisch und sogar gewaltsam aufdrängt: in der blitzschnellen Unvermitteltheit eines Augenblicks, wobei er uns wie ein Ereignis „vor den Kopf stößt".

XX. Die Bestürzung über das Schöne

Kommt man, nachdem man an den ersten Fresken unter den Arkaden der Basilica di San Marco entlanggegangen ist und vor dem *Hl. Dominik* am Fuß des Kruzifixes innegehalten hat, im unermesslichen Blau, oben an der Treppe vor der *Verkündigung* heraus, dann wird man tatsächlich ergriffen, vor den Kopf gestoßen, verblüfft von diesem – so plötzlich hervortretenden – *Ganzen* der Schönheit. Diese Verben sind, auch wörtlich genommen, keine Übertreibung, noch ist es übertrieben zu sagen, dass das Verschlagen des Atems in diesem Moment etwas Physisches hat. Man fühlt sich nicht nur „über den Weg der Augen" getroffen, wie die Griechen sagten, sondern mitten im Bauch, genau wie die Jungfrau vor uns, wie sie gerade die Verkündigung erfährt. Man hat es nicht erwartet. Es offenbart sich etwas, was einen Bruch mit der Zeit davor bedeutet, was über das gewöhnliche Maß hinausgeht und uns auffordert, uns ihm zu stellen – oder andernfalls die Augen zu schließen und ihm zu entsagen. Handelt es sich wirklich um „Lust"? Wenn wir Wohlgefallen empfinden, dann empfinden wir ebenso sehr das Gefühl, überfordert zu sein: denn es gibt auf einen Schlag zu viel zu sehen, die Wahrnehmungen dringen im Überfluss auf uns ein, das sinnlich Wahrnehmbare ist aus seiner Hülle und seiner Begrenzung herausgetreten, und diesmal kommt die Rolle des Absoluten ihm, nicht mehr dem Unsichtbaren, zu. „Ekstase", der alte Begriff der Mystik, ist keine Übertreibung, denn es handelt sich angesichts dieses Schönen – eines vollkommenen Schönen, eines bis zum Rand gefüllten Schönen – um eine visuelle Erfahrung, die an allen Stellen die Beengtheit unseres Blicks brüchig macht, die im eigentlichen Sinn exorbitant ist (als gäbe es ein Aktivum zu „exorbitiert").

Handelt es sich wirklich um „Lust"? Es mischt sich darein jedenfalls das Gefühl eines Mangels, der darin besteht, diesem *Alles*, das uns plötzlich mit seiner Schönheit anspringt, von allen Seiten und ohne Gnade, nichts entgegenzusetzen zu haben. Da es alles ist, ist es zu viel (des Schönen): Mit einem Mal gibt es zu viel zu sehen. Wie sollte man diesem Anbranden des sinnlich Wahrnehmbaren gewachsen sein, „den Schock in den Griff bekommen", wie man sagt? Statt dieses sinnlich Wahrnehmbare einfassen zu können, nämlich indem man es mit Bedacht an seinem Platz festhält, wird man plötzlich davon überflutet. Gewiss kann man, um wieder Boden unter den Füßen zu gewinnen, damit beginnen, das Gemälde zu analysieren, es zu zerstückeln, dieses Detail zu fixieren, jenen Aspekt festzustellen, sogar zu einem Kommentar anzusetzen, doch das sind bloß wenig überzeugende Winkelzüge mit sich selbst beim Versuch, zu verwässern und abzufedern, was *sichtbar* zu viel auf einmal war. Wenn ich einige Zeit auf der Insel San Giorgio in Venedig verweile, dann kann ich bald nicht mehr vor so viel Schönheit: fortwährend von diesem strahlenden Außen angefahren zu werden, die Augen immerzu auf etwas gerichtet zu halten, der Blick hingerissen. Das Schöne macht buchstäblich blind. Von „Bestürzung" über das Schöne war die Rede: Bis zu welchem Punkt sind die Monopolisierung, die es uns aufzwingt, sein Einbruch ins sinnlich Wahrnehmbare, diese Präsenz, der man sich nicht mehr entziehen kann, überhaupt erträglich? Ich sehne mich in diesen Momenten nach blassen, unscharfen, dunkleren Horizonten, vor denen sich nur wenige Dinge abzeichnen, wo es erst einmal wenig zu sehen gibt: nur hier und dort etwas, diskret, verstreut, worauf der Blick fast unaufgefordert zu fallen kommt, während er nach eigenem Gutdünken seine Kreise zieht.

Sobald das Schöne erdacht war, haben die Griechen auch, in den Worten des Platon, diese vom Schönen ausgelöste Verblüffung beschrieben (*Phaidros*, 251; neuerlich aufgegriffen von Plotin, *Enneades* I, 6, 2 und 4). „Auf Anhieb" wird dieses Schöne „wahrnehmbar" (*aistheton*), es trifft uns buchstäblich wie ein „Streich" (*bolé*). Sein Hervortreten ist plötzlich, unaufhaltsam, während zugleich die durch es hervorgerufene Empfindung eine unzertrennliche Mischung ist, die sogar in gefährliche Nähe zum Widerspruch kommt: es „erfreut" und „bestürzt" zugleich; es packt uns vermittels des „Erstaunens" (*thambos*), „frappiert" unsere Sinne in angenehmer Weise, ruft eine „von Lust begleitete Bestürzung" (*ptoesis meth 'hedones*) hervor. Es wirkt zugleich Gewalt und bezaubert. Ein solcher Schock schleudert uns aus uns selbst hinaus (*ekplesis*). Die vom Schönen ausgelöste Kopflosigkeit, vergleichbar mit jener des *erôs*, offenbart, dass sich mitten im sinnlich Wahrnehmbaren plötzlich eine Kluft aufgetan hat, die wiederum ein sinnlich Wahrnehmbares zum Vorschein bringt, welches allerdings nicht mehr mangelhaft und defizitär ist wie gewöhnlich, sondern das uns im Gegenteil mit dem Unmöglichen in Berührung bringt – daher das Verschlagen des Atems –, indem es über die Wahrnehmung hinausgeht.

Die Schönheit löst den Blick aus und hält ihn in Gefangenschaft, an sich gekettet, von der Medusa versteinert. Denn „was ist es nun, was die Blicke in Bewegung bringt" (*kinei*), fragt Plotin, sie „in seine Richtung wendet", sie „auf sich zieht" (*helkei*, *Enneades* I, 6, 1)? Der „auf das Schöne fixierte Blick" (*Enneades* III, 5, 1) ist eine bevorzugte Haltung des griechischen Denkens: Es hätte keine Herrschaft des Schönen gegeben, wenn die Griechen nicht parallel dazu die „Kontemplation" (*theorein*) eingeführt hätten, als eine souveräne Funktion. Die Hegemonie des Blicks ist in der griechischen Kultur so stark, dass selbst in Bezug auf das Unsichtbare die „Augen" (der Seele) immer noch „auf etwas gerichtet" sind und an etwas hängen; die Kontemplation ist eine vollkommene Tätigkeit, jene des Weisen und sogar jene Gottes selbst. Was könnte der Tross der Götter anderes tun, als die Schönheiten des Dort zu kontemplieren? Nun, genauso wie es in China nicht die Beschäftigung des Weisen ist, zu kontemplieren, sondern zu „folgen" (*shun* 顺) und sich im Einklang zu bewegen, bringt dort gleichermaßen alles den Argwohn demgegenüber zum Ausdruck, was dazu tendieren könnte, Aufmerksamkeit zu erregen, und, hervortretend und verführerisch, eine solche kontinuierliche Evolution (wie sie das Wort *dao* benennt) zerstören würde:

> Musik und festliche Speise
> lassen den Vorbeigehenden innehalten.
> [Doch] wenn es aus unserem Mund spricht,
> ist das dao fad und ohne Geschmack (Laozi, 35).

„Wenn man es betrachtet", fährt das *Laozi* fort, „gibt es nichts Besonderes zu sehen"; „Wenn man ihm lauscht, gibt es nichts Besonderes zu hören": Nicht nur frappiert das *dao* in seiner „Schalheit" weder Ohr noch Gesicht, vielmehr bemerkt man es erst einmal gar nicht. Wenn man es hingegen „einsetzt", es „anwendet" (der Standpunkt ist wieder einmal jener des praktischen Nutzens, kein theoretischer), dann kann man es nicht „vollständig erschöpfen" (ebenda). Das, was den Blick nicht auf sich zieht, hat den Vorteil, kontinuierlich zu wirken, ohne weiter zu erstaunen und sogar ohne sich abzuheben, und gerade deshalb schenkt man ihm anfangs keine Aufmerksamkeit; zugleich kann man dessen, was in sich stets eine solche Zurückhaltung wahrt, auch nicht müde werden. Da darin nichts mehr anvisiert, „angepeilt" (*zhong*) wird, fährt der Kommentator (Wang Bi) fort, und Gesichtssinn und Gehör keinen bestimmten Gegenstand mehr haben, entfalten sich dieses Sichtbare und dieses Hörbare, die sich beide davor hüten, in Beschlag zu nehmen, diskret von selbst: Sie erweisen sich, insofern sie nicht zuordenbar und begrenzbar sind, als unerschöpflich. Nun hat man sich bezüglich der Malerei in ganz gleicher Weise ausgedrückt: Die anspruchslosen Gemälde der „Handwerker des Pinsels" werden angefertigt in dem Versuch, „dem Auge zu gefallen", sie wollen den Blick einfangen; doch sogar wenn dies in bestmöglicher Weise gelingt, erschöpft sich bei ihrer Betrachtung unsere innere Erregung dennoch sehr rasch (Tang Zhiqi[103]).

Haben die Griechen indes tatsächlich nur den Blick des einen Moments gekannt, der so vollgefüllt ist, dass er sprachlos macht: einen Blick der plötzlichen Ekstase angesichts des Schönen, der aber keine Dauerhaftigkeit erlangen kann? Plotin konnte sich nach der Himmelfahrt der Seele eine Kontemplation des Schönen (des intellektuell begreifbaren Schönen im himmlischen Dort) vorstellen, von solcher Art, dass weder Ermüdung noch Sättigung sie gefährden, die vielmehr „im Verlauf der Kontemplation immer tiefer kontempliert" und in ihrer Tätigkeit aufgeht: „indem sie sich selbst als grenzenlos offenbart, und zugleich auch das, was gesehen wird", wäre sie mit der Entfaltung unserer eigentlichen Natur in Einklang (*Enneades* V, 8, 4). Man würde damit die Bestürzung und den Schock über das Schöne im Inneren des sinnlich Wahrnehmbaren hinter sich lassen, um sie für die geistige Entfaltung zu öffnen (diese ist allerdings selbstverständlich erst dann möglich, wenn man endgültig mit dem sinnlich Wahrnehmbaren gebrochen hat). Ebenso kann man beobachten, wie Kant, der den Effekt der Verblüffung und des Schocks auf das „Sublime“ übertragen hat, wobei sich das negative Gefühl der Erschütterung mit der Genugtuung über seine Überschreitung (im Übersinnlichen) vermischt, ganz beiläufig ins Auge fasst, was es heißen könnte, vor dem Schönen „zu weilen“, unter Erhaltung des Zustands der Vorstellung selbst sowie zugleich der Beschäftigung unserer Erkenntniskräfte (*Kritik der Urteilskraft*, § 12).

Dennoch bleibt diese subjektive Dynamisierung, welche die Tätigkeit der Kontemplation des Schönen aus sich selbst schöpft und die sie dazu führt, sich selbst zu verstärken und zu reproduzieren, etwas anderes als jener dem sinnlich Wahrnehmbaren eigene *und es vertiefende* Prozess der Aufwertung, wie er in der chinesischen Philosophie beschrieben wird; der eben gerade davon abhängt, dass es auf den ersten Blick nicht „Schönes“ gibt, das sich ereignishaft der Aufmerksamkeit mitteilt und es darauf anlegt, wahrgenommen – geschweige denn bewundert – zu werden. Man geht mit dem Gemälde einen Austausch ein, der sich als desto „getränkter“ und sogar überwältigender offenbart, gerade weil er im Modus des „Schalen“ und Diskreten begonnen hat – im Modus des *kaum*. Er funktioniert so gut, dass man sich schließlich nicht mehr aus ihm lösen kann und er sich in der Unendlichkeit entfaltet.

Zunächst lässt sich dies beim Verkehr zwischen Personen feststellen. Der zweite große Text des Daoismus, das *Zhuangzi*, ist übervoll mit Geschichten von Wesen, die nichts Anziehendes haben, die sogar verkrüppelt sind, krumm, hinkend, mit einem Wort monströs; doch im Lauf der Zeit geht von ihnen, durch ihren Einfluss, eine Autorität solcher Art aus, dass selbst der Herrscher ihrer nicht mehr entbehren kann (Kapitel 5, „De chong fu“). Auch in jener bereits zitierten Kompilation, welche die Merkmale dessen festschreibt, was gerade dabei ist, sich zum gelehrten Bewusstsein in China zu entwickeln, ist oftmals die Rede von auf den ersten Blick derben Personen, bei denen das wichtigste Zeichen ihrer Wertschätzung in der Folge jedoch die Erkenntnis ist, dass man sich nicht mehr auf sie verzichten kann (*Shishuo xinyu*, Kapitel 8, § 9, 146, 147 et alibi). Dasselbe geschieht nun bei der Malerei. Nicht so sehr, weil das Weniger ein Mehr implizieren kann – die Schalheit ist nicht die Litotes, die Figur der Intensivierung durch Umkehrung – sondern weil dieser enttäuschende Beginn eine Entwicklung einleitet, sogar eine Entwicklung mit äußerst langewährendem Verlauf (nach wie vor das prozessuale Denken), die vom wenigst Verführerischen zum Gefühl eines Unerschöpflichen hinführt.

Über Gu Kaizhi, den ersten großen Maler Chinas: „Seine Gemälde sind wie Seidenwürmer, die im Frühling ihren Faden ausspinnen: Anfangs erscheint alles sehr flach und einfach, und vom Gesichtspunkt der Ähnlichkeit gibt es bisweilen sogar Fehler; wenn man sie jedoch genauer betrachtet, gelangen die Sechs Prinzipien der Malerei darin zu Vollständigkeit – dies lässt sich in Worten nicht beschreiben."[104] Oder, wie Fang Xun weiter sagt: „Es gibt Gemälde, die auf den ersten Blick flach und schal wirken; bei längerer Betrachtung jedoch strahlen sie etwas Geistiges aus: und gerade diese gehören dem ersten Rang an." „Umgekehrt erscheinen manche, wenn der Blick einmal auf sie fällt, gelungen; wenn man den Blick allerdings neuerlich auf sie richtet, dann sind sie nicht länger von Interesse." Wu Daozi betrachtete in folgender Weise ein Gemälde des Zhang Sengyou: „Er musterte es zwei Mal gründlich, und das dritte Mal legte er sich neben ihm schlafen und trennte sich nicht mehr von ihm."[105] Dass ein Gemälde sich für diese Art der Entfaltung eignet, die immer etwas in der Reserve zurückhält und sich niemals zu Ende „auskosten" lässt, statt „schlagartig" durch seine Schönheit zu frappieren, zugleich aber dem sinnlich Wahrnehmbaren seine Beweglichkeit zu nehmen, ist es gerade, was es „lebendig" bleiben lässt.

XXI. Das tote Schöne

„Leben“ in eben diesem Sinn gibt es dort, wo eine künftige Entfaltung impliziert ist. Dem ältesten chinesischen Wörterbuch (dem *Shuowen*) zufolge bedeutet „leben“ (oder *das* „Leben“: *sheng* 生) so viel wie „vorwärtsschreiten, Fortschritte machen“; das Schriftzeichen stellt eine Pflanze dar, die aus der Erde (dem horizontalen Strich am unteren Rand der Figur) heraus und Stufe für Stufe in die Höhe wächst. „Leben“: Wenn es einen Begriff gibt, den man unweigerlich in allen Sprachen identisch wiederzufinden vermeint hätte, einen Rumpfbegriff, der klar auf der Hand liegt, einen offensichtlichen Terminus, der das Gemeinsame jeder Existenz ausdrückt, dann wohl diesen. Und dennoch bin ich mir seiner kompakten Einheitlichkeit nicht mehr so sicher: Wenn er sich nun doch für Ansätze eignete, die sich insofern voneinander unterscheiden, als sie jeweils eine gewisse Vorentscheidung implizieren? Wenn auch dieser Begriff eine Sache der *Perspektive* wäre? Denn ein und dasselbe Wort bedeutet im Chinesischen „geboren werden“, „leben“, „zeugen“, „beginnen“, „am Leben sein“, „nahe sein“. Wenn man sagt, dass ein Gemälde „lebendig“ ist, so heißt das nichts anderes, als dass die Darstellung sich für eine Überschreitung eignet, dass sie eine Zukunft hat und sogar erst begonnen hat, sich zu etablieren; dass sie einen Prozess einleitet, der selbst seine Fortsetzung bewirkt und diese gar nicht mehr beendet.

Am Ende führt „lebendig“ auf *prägnant* zurück, was so viel heißt wie schwanger mit möglicher Entwicklung. Man möge sich nur an das bereits zitierte erste Prinzip der Malerei erinnern: „Energie [Atem] – Resonanz: leben [zeugen] – Bewegung“ (*qi yun sheng dong*). Diese grundlegende Formel, die man endlos oft kommentiert hat, allerdings lediglich um zu sagen, dass sie sich nur intuitiv verstehen lässt, ist, so belehrt man uns (Fang Xun[106]), vom Gedanken („Schubkraft“)

der Lebendigkeit her zu erfassen: Denn von dieser Lebenskraft, die es ausmacht, dass die Abbildung nicht starr und fixiert, sondern „in Bewegung" ist, wird die „Resonanz" freigesetzt, die das Gemälde „durchdringt" und es in Schwingung versetzt. Das chinesische Denken rückt davon nicht ab, es kann sich in dieser Beziehung nur wiederholen. So bedeutet „leben" in Bezug auf die Malerei auch eine Lebendigkeit, die sich unaufhörlich „erneuert" – „lebt-lebt" – „ohne sich zu erschöpfen" (Tang Zhiqi); die „sich in der Ferne in tiefgründiger Weise entfaltet und deren Vollendung nur schwer beobachtbar ist"[107]. Ein Gemälde „lebendig" zu nennen ist insgesamt in China eine ebenso wesentliche Auszeichnung wie in Europa jene der Schönheit. Könnte man nicht sogar sagen, dass sie deren Platz einnimmt, wäre der Begriffseffekt nicht eine Eigentümlichkeit des Schönen?

Indem man sich mit diesem Denken allmählich vertraut macht, ja es immer wieder und wieder durchgeht (das chinesische Denken lässt sich nicht konstruieren, sondern klärt sich mit der Zeit auf), kann man beobachten, wie diese Zusammenhänge geknüpft werden. Mangels der Zusammenfügung durch Begriffe entwickeln sich derartige Affinitäten. Mit dem Ausdruck der Lebendigkeit bildet namentlich die „geistige Färbung" (*shencai*) ein Paar, von der wir bereits wissen, dass sie durch das Tränken mit Stimmungen die Bruchlinie zwischen dem Sichtbaren und seiner unsichtbaren Tiefenschicht verschwinden lässt, und dass sie die Abbildung zu ihrer lautlosen Überschreitung hin öffnet (*shencai shengdong*)[108]. Das Vorhandensein einer „lebendigen Regung" (eine mögliche Übersetzung für *shengyi*) ist gleichfalls eine bedeutende Zuschreibung (siehe beispielsweise die *Hefte eines Kenners* des Mi Fu): Anstatt im Augenblick durch Schock/Bezauberung zu frappieren, was bis zur Bestürzung reichen kann, erzeugt das Bild durch seine Figuration eine dynamische Spannung, die es in einer Aufwärtsbewegung hält und zu weiterer Zeugung hinführt, wobei es seine Resonanz ins Intime verlängert; und das, ganz egal was man malt: Blumen, Bäume, Menschen, Landschaften oder sogar Felsen – auch diese sind Verdichtungen von Energie.

Man kann nun gewiss daran erinnern, dass so etwas auch in Europa existiert. Man wird sich insbesondere ins Gedächtnis rufen, dass man das Malen im Griechischen „Abzeichnen des Lebens" genannt hat (*zôgraphia*, und das Gemälde *zôgraphêma*); „in der Tat", sagt Platon,

„auch die Erzeugnisse der Malerei nämlich stehen da, als wären sie lebendig“ (*Phaidros*, 275 d; im *Kratylos* zieht Platon sogar lakonisch einen Vergleich zwischen „Namen“ und „Lebenden“, wie er die Gemälde bezeichnet). Oder was sagt etwa Vasari zum Lobpreis der Malerei, wie sie in Italien durch die Loslösung von byzantinischen Einflüssen eine Wiedergeburt erlebt? Dass „er [Cimabue] es versteht, den Stoffen, den Kleidern und überhaupt allen Dingen einen etwas lebendigeren, natürlicheren und weicheren Charakter zu geben, als es die Griechen in ihrem geradlinigen und klaren Stil zu tun pflegten“; oder dass „er [Giotto] den Signore Malatesta in einer so lebendigen Haltung darstellt, dass man ihn beinahe anwesend glaubt“. Wahrlich, lässt sich da ein noch größeres Lob aussprechen, etwa für die Gioconda? „Ihre klaren Augen hatten den Glanz des Lebens“; oder „die Nase, mit bezaubernden Nasenlöchern, rosa und zart, war das Leben selbst“... Doch wo erwartet Vassari zu finden, was er hier als das „Leben“ bezeichnet? In der *Ähnlichkeit*, jener des Kleidersamtes oder des Hautteints oder dessen, was er, bezogen auf das Gesicht der Gioconda, „Nachahmung der Natur“ nennt (was bedeutet, dass er die platonische Auffassung der Malerei als *mimesis* und Reproduktion nicht hinter sich lassen kann – gegen die bekanntlich die moderne Malerei mit all ihren Kräften opponiert hat); und nicht in einer Auffassung der Malerei als unter Spannung stehendes Dispositiv, das Energie austreten lässt und von dem eine *Resonanz* ausgeht.

Wenn man Shitao folgt, versteht man besser, wie ein Gemälde durch seine Konfiguration *Leben verströmen* und dadurch einen als „unerschöpflich“ deklarierten (interaktiven) Stimulationsprozess einleiten kann – statt dass man darauf abzielte, ein Abbild des Lebens zu reproduzieren und dabei eine Illusion solcher Art zu schaffen (den berühmten „Köder“ für die Augen), dass man sich in ihr täuschen könnte (die Trauben des Zeuxis). Als Erstes muss man darauf achten, die Landschaft nicht in „Scheiben“ zu schneiden, wie es in mechanischer Weise die Abhandlungen für Anfänger lehren, indem sie „eine Ebene für die Erde“, „eine Ebene für die Vegetation“, „eine dritte für das Gebirge“ trennen (oder eine einfache Variante: die „Szene“ unten, das „Gebirge“ oben, und dazwischen, wenn man will, „Wolken“; *Shitao*, Kapitel 10). Denn in diesem Fall, sagt Shitao, „kommt keine Lebendigkeit mehr durch“. Es ist im Gegenteil erforderlich, dass die gesamte Landschaft „von ein und derselben Energie durchwirkt wird, die sich vom einen zum anderen Teil mitteilt" und alle Elemente untereinander „verknüpft": Die „Kraft des Pinsels" wird dann „tausend Gipfeln und zehntausend Täler durchdringen" können, man wird nirgendwo eine „Spur" zurückgelassen finden, die das Gezeichnete durch ihre Steifheit als „gemein" und „gewöhnlich" erscheinen ließe. Durch diesen Elan, der alle Dinge miteinander kommunizieren lässt, „erlangt man Zugang zur geistigen Dimension" (*ru shen*). Wenn man beispielsweise Bäume malt (in Dreier-, Fünfer-, Neuner- oder Zehnergruppen, wie wir gesehen haben, ebenda, Kapitel 12, oben Seite 117), dann schickt es sich, dass jeder einzelne „in der einen oder der anderen Richtung, sei es *yin* oder *yang*" ein „charakteristisches Erscheinungsbild" zur Schau trägt; von den Kontrasteffekten und der Spannung, die sie erzeugen – „durch Vortreten und Zurückziehen", „zwischen hoch und niedrig" – „wird ein äußerstes Maß an Leben und Bewegung freigesetzt": Wie „Helden" sieht man sie, „wie sie sich auftürmen und tanzen, den Kopf gesenkt oder erhoben, niedergekauert oder gerade gerichtet, wogend und ausgewogen".

Eine Vorstellung liegt dieser Entscheidung zugrunde, das Leben durch einen inneren Zeugungsprozess und nicht durch Nachahmung der äußeren Erscheinung auszudrücken: In jeder lebenden Struktur, und zwar vom elementaren Stadium der Zelle an, existiert *Polarität* als das Vermögen, zwei in ihren Potentialen oder ihren Funktionen unterschiedene Pole zu besitzen – *yin* und *yang* nennen sie die Chinesen – von denen ausgehend Leben hervorgebracht wird. Dieses Prinzip nun, das bekanntlich den Kern der chinesischen Philosophie sowie auch ihrer Konzeption der Malerei bildet, sieht man von Abhandlung zu Abhandlung, von Kapitel zu Kapitel ohne Unterlass beschworen, vielleicht weil es vom chinesischen Satz so gut getragen wird, der sich seinerseits ebenfalls durch Polarität ausdrückt (was man, allzu oberflächlich, seinen Parallelismus nennt) und nicht durch syntaktische Konstruktion. Eine Polarität, deren Wirken in der Landschaft selbst sichtbar wird, wie es Shitao in einer Folge von zweigliedrigen Ausdrücken beschreibt, weswegen die Formen der Landschaft, insofern sie aus diesen kontinuierlichen Interaktionen hervorgehen, stets in Transformation begriffen sind: „umgekehrt/gerade“, „schräg/seitlich“, „konzentriert/verstreut“, „nah/fern“, „innen/außen“, „unterbrochen/fortgesetzt“ „in Abstufungen oder Schicht für Schicht enthäutet“, und so weiter – „von eben solcher Art ist der große Anbeginn des Lebens“ (*shenghuo zhi da duan*, *Shitao*, Kapitel 5). Doch die Polarität ist auch (schon) bei der Handhabung des Pinsels wirksam: Dieser kann mit der Spitze arbeiten oder aus der Schräge, gerade oder geneigt, sich öffnend oder sich schließend, weggehoben werden oder aufgedrückt, Fleischigkeit verleihen oder ein Skelett, und so weiter (und gleiches gilt für die Tusche: entweder blass oder dunkel, dick aufgetragen oder dünn, und so weiter). Tusche und Pinsel bilden miteinander die große Polarität, aus der die Malerei hervorgeht: „im Ozean der Tusche festigt sich der Geist, unter der Spitze des Pinsel zeichnet sich das Leben ab und tritt hervor“ (ebenda, Kapitel 7). Und auch (schon) in der Führung des Handgelenks: manchmal mit Nachdruck, um in die Tiefe zu dringen, manchmal, indem es vergnügt den Pinsel fliegen lässt; manchmal beschleunigt es seinen Weg, sodass die Linie an Kraft gewinnt, manchmal verlangsamt es ihn, wodurch üppige Kurven entstehen, und so weiter (ebenda, Kapitel 6). Das Gemälde wird geboren – lebt – zeugt (allesamt assoziierte Bedeutungen von *sheng*, „lebendig-geschwängert“) ausgehend von diesen vielfachen Variationen, wo eines stets das andere hervorruft und sich in ihm erneuert.

Ob es sich nun um die Bewegung des Zeugens handelt oder um die erzeugte Darstellung, traditionell bezeichnet das Begriffspaar „leer und voll“ (*xu – shi* 虚实) diese funktionelle Komplementarität der Gegensätze, in welcher das *Leere*, indem es de-saturiert und durchlässig macht, dem Vollen erlaubt, seine Wirkung vollständig zu entfalten. Dieses Binom hat in der chinesischen Auffassung von Malerei eine zentrale Stellung. Denn es genügt, die Pinselspitze anzuheben, inmitten des Strichs etwas Weißes zu lassen, und dieser Strich wird, indem er sich leert, lebendig (*xu er ling*[109]): Er dekantiert sich von seiner Materialität, bleibt nicht in seiner „Spur“ verfangen – entfaltet sich jenseits des Tastbaren. Denn das Unsichtbare (das Absolute) wird nun, da es sich nicht in Begriffen des „Seins“ konstituiert, als „unterschiedsloser Urgrund“ oder „große Leere“ verstanden (*wu*, *taixu*), wo die Grenzlinien der Dinge sich auflösen, wo die sinnlich wahrnehmbaren Konkretionen ihre Individualität verlieren; wo die

Formen flüchtig werden und die Energien miteinander kommunizieren. Ihr braucht nur den Pinsel anzuheben, den Strich zu leeren, etwas Weißes inmitten der Linie erscheinen zu lassen, und diese bleibt nicht mehr auf das Sichtbare begrenzt, das bekanntlich einschränkt und festsetzt: Sie öffnet sich von selbst für dieses Unsichtbare, wo das „Geistige" entweicht und von wo das „Leben" herkommt.

Über welche Schwierigkeit stolpert nun die klassische Malerei in Europa, oder wo lässt sich möglicherweise sogar ihr Scheitern verorten? Ich meine, dass man es mit einem Wort sagen kann: Es muss ergebnislos bleiben, das Geistige *repräsentieren* zu wollen. Gesichter und Gesten drücken in der europäischen Malerei in höchst kraftvoller Weise Seelenzustände und affektive Spannungen aus – wie etwa die Gesichter und Haltungen am Fuße des Kreuzes (Giovanni Bellini in der Pinacoteca di Brera) – doch das Geistige für seinen Teil lässt sich nicht repräsentieren. Was hat man also gewöhnlich gemacht? Man bediente sich gewisser Kunstgriffe. Um diese zweite Ebene (des Geistigen oder des Unsichtbaren) abzubilden, wird die Jungfrau durch Nebelschwaden abgesondert (in all diesen Darstellungen der *Krönung der Jungfrau*), Heiligenscheine umgürten die Köpfe der Heiligen, oder Lichtstrahlen symbolisieren das göttliche Wesen Christi… Ich stelle mir vor, dass es den Malern wohl tiefen Kummer und Verdruss bereitet hat, diesen Weg nehmen zu müssen. Oder an den Körpern der so anmutigen Engel Federn anbringen zu müssen. Denn das sind selbstverständlich bloß Notbehelfe, die gänzlich auf Konvention beruhen: die prinzipielle Trennung zwischen dem Sichtbaren und dem Verstehbaren erlaubt nur mehr diesen Symbolismus aus Talmigold. Da das europäische Absolute metaphysisch aufgefasst wird, als einer anderen Welt zugehörig, in Begriffen des Seins, also in einem nachdrücklich behaupteten Bruch mit dem sinnlich Wahrnehmbaren, gibt es kein Bild, das sich in seiner eigenen figurativen Entwicklung (aufgrund ihrer Entscheidung für die „Festschreibung" und die „Ausprägung" der Formen, das heißt für die Bestimmtheit, welche „Sein" erzeugt – von woher auch die Schönheit kommt) *durch Übergang* zum Geistigen erheben könnte, und dies trotz aller Effekte, die man sich von weit entfernten Wogen und vom *sfumato* erwartet.

Das Problem, dem das Schöne am Ende gegenübersteht, ist folgender Art: Das Schöne kommt innerhalb des Sichtbaren zu seinem

Ergebnis und Ende; es *vertieft sich nicht weiter* vom Sichtbaren zum Unsichtbaren. Es integriert, totalisiert, harmonisiert, aber es *eignet sich nicht für eine Überschreitung*. Es setzt still, und in der Folge verewigt es, anstatt eine zukünftige Entwicklung hervorzurufen – wie sie die chinesische Malerei gerade als den Inbegriff des „Lebens" in den Vordergrund gerückt hat. Um das sichtbare Schöne zu überschreiten, muss man also zum Symbolischen umschwenken und es auf einer ideellen Ebene in analoger Weise interpretieren, zu diesem Zweck jedoch das sinnliche Wahrnehmbare hinter sich lassen (zum Verstehbaren der Idee übergehen). Daher „frappiert" das Schöne, „bestürzt", packt und bezaubert für den Augenblick, lässt aber keinen Platz für das Auskosten, das vom „Flachen und Schalen" mittels eines kontinuierlichen Prozesses zum „Geschmack jenseits des Geschmacks" (*wei wai wei*) führt; oder vom „Undeutlichen" und „Zarten" – hier und dort verstreut – zur „Landschaft jenseits der Landschaft" (*jing wai jing*). Seine klar gezeichneten Formen lassen diesen Höhepunkt der Sichtbarkeit hervortreten; wahrlich, durch ihr Einbrechen in die Unbestimmtheit des Sichtbaren lassen sie den Blick aus dem Absoluten hervorquellen, aber sie lösen sich nicht auf – weiten sich nicht – im Unsichtbaren. Dass das Schöne ohne Jenseits ist, dass es jenes Äußerste ist, das nichts mehr zu wünschen übrig lässt, dass es sich wie eine Mauer aufrichtet, die jedem Fortschritt endgültig den Weg versperrt (wenn etwas „schön" ist, dann stelle ich mir stets nichts weiter als dieses Bild vor), verbindet das Schöne mit dem Tod. Adorno hat es bemerkt, doch die chinesische Malerei, die das *zeugende Lebende* dem Schönen vorzieht, gibt noch mehr Anlass, über diesen Punkt nachzusinnen: Das Schöne spricht nicht nur, „wie die Wagnersche Walküre zu Siegmund", als Sendbote des Todes, sondern „ähnelt ihm in sich, als Prozess "[110].

Das Schöne hat sich zurückgezogen – sondert sich ab – von der in kontinuierlicher Entwicklung oder in „Wachstum" befindlichen Bewegung, in der das Leben besteht; es bleibt weihevoll in seinem Königreich eingeschlossen. Ist es etwa das, was schon Hegel gesagt hat? Insofern es sich von jedem Einfluss und jeder gewöhnlichen Abhängigkeit isoliert, insofern es seine äußere Manifestation ausschließlich mit seinem inneren Begriff und Inhalt in Übereinstimmung bringt, also gänzlich frei in sich selbst ruht und „mit sich selbst zusammengeschlossen" ist, ist das Schöne „abgestorben dem unmittelbaren Dasein"[111]. Doch das Schöne ist auch deshalb dem Tod ausgeliefert, weil es, zum Allerletzten gelangt und gegen das Unüberschreitbare stoßend, keine andere Möglichkeit der Vertiefung mehr kennt, als im Abgrund zu versinken; oder von seinem äußersten Sein ins Nicht-Sein zu verschwinden. Es zwingt sich durch Einbruch ins Innere des sinnlich Wahrnehmbaren auf, und es besitzt auch keine andere Zukunft als die eigene Abschaffung; seine Gegenwart ist bereits Vorzeichen für seine unvermeidbare Abwesenheit, und die eine ruft die andere hervor. Auf die Gefahr hin, andernfalls abzuflachen, sich in bloßem Schein zu gefallen, sich an der Oberfläche auffangen zu lassen und Dekor zu werden: Um dem Hübschen zu entrinnen, muss das Schöne seine Intensität unter dem Druck des Todes und mit Dramatik aufrechterhalten; seine Zeit ist jene des Vergänglichen, sein Zustand ist die Zerbrechlichkeit. So auch schon die Aktdarstellung: Der Körper kann seine unübertreffliche Schönheit nur zur Geltung bringen, indem er ihre Sterblichkeit eingesteht (selbst wenn man Götter malt). Oder Venedig: „Tod in Venedig" ist nicht eine bestimmte Geschichte, sondern das Konzept des Schönen in seiner ganzen Strenge. Eine weitere Variante: „Italien sehen und sterben". Denn was soll man danach noch sehen?

Venedig ist nur schön, weil es durch sein Verschwinden bedroht ist (das es, um die Wahrheit zu sagen, an diesem ungünstig gelegenen Lagunenufer immer bedroht hat). Andernfalls wäre es nur ein Theaterdekor aus Pappmaché. Es wäre wie Brügge, sein flämischer Rivale, das man gewissenhaft neu gestrichen und vergoldet hat, wo der Blick nicht müde wird, weil er zu viel zu sehen hat, sondern dahingleitet, ohne irgendwo hängenzubleiben (außer dann, wenn Brügge nach dem Regen heftig atmet). Doch Venedig entrinnt der Postkarte, weil es seine Zauberwelt aus Formen und Farben mit allen Kräften aus dem Abgrund heraushalten muss, wie eine Luftspiegelung, und weil über ihm das Schicksal seines nördlichen Nachbarn, des entvölkerten Torcello, schwebt: weil es auf einen Schlag in magischer Weise all dieses Sichtbare erscheinen lässt, dabei aber vom Aussatz befallen ist; weil die Feuchtigkeit an den Farben der Fassaden nagt und das Meer mit seinem Brackwasserwirbel zwischen die Stufen der Palazzi dringt, jedes Mal, wenn das Vaporetto vorbeifährt.

XXII. Das Schöne als Kult

Weil sie an das Äußerste des Sichtbaren rühren, weil sie das Unüberschreitbare hervortreten lassen, einem Aufflackern des Absoluten gegenüber dem Tode gleichen, sind das Lächeln der Gioconda und Venedig bereits zu Objekten einer exklusiven Huldigung geworden. Man huldigt ihnen in mythologischer Weise als jenen, Helden oder Halbgöttern, denen die Aufgabe anvertraut ist, unsere Bestimmung an ihre Grenze zu führen. Ist das Urteil, wie jenes des Paris, einmal gefallen, monopolisiert diese Essenz des Schönen, für deren Verkörperung innerhalb des sinnlich Wahrnehmbaren man sie hält, die Aufmerksamkeit für sie, zieht sie aus ihrer dinglichen Kategorie heraus, verleiht ihnen auf der Erde oder in den Museen eine Sonderstellung. Ohne diese sakralen Charakter verleihende Schönheit, in deren Pantheon sie ihren Platz haben, besäßen Venedig und die Gioconda nicht jenen symbolischen und kollektiv anerkannten Ausnahmestatus, der weit über den Kreis der Reisenden und Ästheten hinausgeht; mir ist in China oder den anderen Ländern des Fernen Ostens kein funktionelles Äquivalent zu Venedig noch zur Gioconda bekannt, wie sie als totalitäre Symbole der Schönheit aufgerichtet sind. Wiewohl es wahr ist, dass diese Länder, und zweifellos alle anderen Länder der Welt, sie schließlich von uns entlehnt haben, und wir seither „weltweit" – ein Glück für den Tourismus, doch zugleich ein großes Unheil – jene Bilderbögen des Schönen aus ihnen machen.

Dieses Schöne selbst, da es nur in einzelnen Ausreißern in der Welt erscheint, ruft dieselbe Verehrung hervor wie das Göttliche, in welches es einweiht; vom Begriff, oder sogar vom Modell des Begriffs, das lehrt, vom sinnlich Wahrnehmbaren zur Idee überzugehen, ist es nun zum Gegenstand eines Kults geworden; und sogar des einzigen Kults, der uns in den modernen Gesellschaften bleibt, seit die Götter gestorben sind. Plotin teilt uns beides gleichzeitig mit: Einerseits, dass das Schöne selbst der Welt fremd ist (*ektos tou kosmou*); dass das sinnlich wahrnehmbare Schöne uns auf seine Fährte bringt, jedoch, wiewohl es uns zur Grenze des sinnlich Wahrnehmbaren führt, kein Jenseits davon kennt; dass es also notwendig ist, mit dem sinnlich Wahrnehmbaren zu brechen und mit den Augen der Seele zu blicken, „indem wir die Sinneswahrnehmung hinter uns lassen, welche unten zurückbleiben muss" (Enneades I, 6, 4): Von diesem Schönen, das sich „oberhalb von Himmel und Erde" befindet, ist das sinnlich wahrnehmbare Schöne nur ein abgeschwächtes Bild, ein blasser Widerschein, und als solcher in der Tat vergänglich wie ein Schatten. Dass man andererseits zu dieser „wunderbaren" Schönheit, zu welcher sich der Geist hinwendet, der gegenüber man allerdings „ohne Mittel" bleibt (*kallos amechanon*, ebenda, 8), die „sich in gewisser Weise im Inneren des Heiligtums befindet" und die sogar „verweigert, nach außen zu treten, um von Nichteingeweihten gesehen zu werden", hinaufsteigen muss wie man zum Tempel hinaufsteigt, indem man sich seiner Kleider entledigt und sich reinigt wie ein soeben Bekehrter. Plotin übernimmt bezüglich des Schönen die einzige noch verbleibende Sprache, eine Sprache als Nicht-Sprache, und zwar jene des Unaussprechlichen, wie sie beim Zelebrieren der Mysterien in Gebrauch ist. Es existiert nämlich ein „schönes Schönes" (*to kalon kalon*), welches uns durch sukzessive Läuterungsprozesse nicht nur über das sinnlich wahrnehmbare Schöne sondern auch über jenes im Inneren der Seele hinaushebt und uns zum sich allein der Epoptie offenbarenden Schönen des Verstehbaren hinführt; welches als Einziges „ist", ohne verunreinigt zu sein: eine Schönheit „erster Ordnung", die in nichts anderem als „in sich selbst" ist und von nichts mehr kontaminiert wird; deshalb reicht auch ein bloßer Widerschein von ihr, so flüchtig, so blass er auch sein mag, tatsächlich dazu aus, uns in „Bestürzung", *thambos*, zu versetzen.

Nun hat uns Plotin diese Theologie eines hypostasierten Schönen in intaktem Zustand hinterlassen, von der sich auch wiederholte Säkularisierungen, jene unserer gegenwärtigen Epoche inbegriffen, nie gänzlich befreien konnten. Im Gegenteil, sie haben schließlich das Schöne als das einzig verbleibende Göttliche, das nicht kompromittierend ist, sondern mit der Wissenschaft kompatibel und sogar ein glückliches Gegengewicht zu ihr, ein Ort, an den sich das Religiöse folglich ungestört zurückziehen kann, isoliert und in den Vordergrund gerückt. Sie haben das Schöne sogar in seiner Rolle gefestigt: das Schöne steht da, als ein erratischer Block mitten in der entzauberten Welt, als das, was uns vom Zeitalter der Götter bleibt. Es wird ins Museum gestellt, den modernen Tempel; es bietet den unermesslichen, ja einzigartigen Vorteil eines geheiligten Profanen. Sogar die allgemeine Meinung hat wie gewöhnlich ihren Mythos daraus gemacht, wovon die üblichen Ausrufe und die Erregung der Touristen *angesichts* des Schönen zeugen: Die kollektive Beweihräucherung des Schönen, die das Gegenstück zur demokratischen Errungenschaft bildet, welche sie repräsentiert, ist eine der großen Fabeln, die Europa zu dem gemacht haben, was es ist, und von denen es immer noch zehrt, ohne es überhaupt zu ahnen, vielleicht heute mehr denn je.

Wenn das Schöne ein solches Ansehen besitzt, dann deshalb, weil es als letzte Bühne für das glückliche Leben dient; weil es der letzte Messianismus ist, der uns bleibt und den man weiterhin anstreben kann, als Phantasma zwar, jedoch öffentlich, ohne noch die Maske des Rationellen aufsetzen zu müssen, der große Trieb zur Versöhnung. In ihm bietet Plotin eine theoretische Version – die gesellschaftsfähigste – des Paradieses. In diesem „reinen" Schönen, diesem Schönen des „Dort", wo alles „durchsichtig" ist, bleibt nichts schattenhaft oder schirmt ab, und „alle sind für alle klar ersichtlich bis in ihr Inneres" (*Enneades* V, 8, 4). Denn jeder „trägt alles in sich und sieht alles in jedem anderen": „die Sonne ist dort alle Sterne, und jeder Stern ist dort die Sonne und alle Sterne". Das Schöne entspricht also diesem Traum, in dem die Identität aufrecht erhalten wird, aber ohne noch einen Unterschied einzuführen; wo eine Bestimmtheit behauptet wird, weil es andernfalls keine Form und keine Schönheit gäbe, ohne jedoch auszuschließen. Es existieren wohl Orte, die das Vielfältige einer Landschaft bieten, aber sie trennen nicht mehr und lokalisieren streng genommen nicht einmal mehr: „Der Einzelne bewegt sich nicht mehr auf fremdem Boden: der Ort, an dem er sich befindet, ist eben das, was er ist; der

Ort, von dem er kommt, verlässt ihn nicht, wenn er zu den Höhen weiterschreitet..."

Dieses Schöne des „Dort" ist also dadurch charakterisiert, dass es endlich jener für unverletzlich gehaltenen Wahrheit widersagt, der zufolge „jede Bestimmung eine Negation ist". Jawohl, die Bestimmungen bleiben aufrecht, was Bedingung für die Schönheit ist, doch die sie beherrschenden Negationen werden nun dazwischen unwirksam: Die Bestimmungen des Schönen schließen ihre Gegenteile nicht mehr aus, womit die Logik annulliert wird; oder eine politischere Version: die Rechte „jedes Einzelnen" werden darin gewahrt, doch der Einzelne muss sich nicht mehr unterwerfen, um sich ins Ganze zu integrieren, so erklärt uns Plotin, da er selbst nun „alles ist". Indem es sich als „schön" behauptet und radikalisiert, spielt das Schöne also am Ende dieselbe Rolle – allerdings im Vollen – wie jene die Differenzierungen aufhebende Leere der chinesischen Malerei und Philosophie: Alle Widersprüche werden darin schließlich aufgehoben, alle Disjunktionen aufgelöst. Zu dieser grundlegenden Leere der Dinge jedoch, der chinesischen Version des Geistigen, konnte man um einen so viel geringeren Preis gelangen! Indem man den Pinsel anhob, indem man ein wenig Weiß erscheinen ließ, indem man flüchtige Formen wiedergab: indem man sich von der Beschränktheit und der Starre des sinnlich Wahrnehmbaren befreite, ohne sich aber zu einer anderen Wirklichkeit bekehren zu müssen; indem man Transzendenz praktizierte („Geschmack jenseits des Geschmackes"), ohne ihr jedoch einen anderen Gegenstand zuweisen zu müssen. Im (heroischen) Theoriekonstrukt des Abendlands ist hingegen das Schöne, als Ersatz für Gott, offenkundig dieser „große Gegenstand"; und deshalb hat sich die Mystik so bequem darauf übertragen lassen.

Folgendes ist tatsächlich eine jener machtvollen Assimilierungen, die „Europa" zu dem gemacht haben, was es ist: Die Schönheit Gottes, die im Text der Bibel beinahe nicht vorkommt, jedenfalls im Neuen Testament nie als solche ausgesprochen wird, ist – über den Weg des Platonismus – zu einem Hauptthema des Christentums in seiner Entstehungszeit geworden. Welch unaufhaltsamer ideologischer Druck hat da also in stummer Weise gewirkt, den griechischen Ansprüchen und der „theo-kalischen" Tradition entgegenkommend, sodass Augustinus in den *Confessiones* (III, 6, 10) Gott als „Schönheit aller Schönheiten" bezeichnet? Nun hatte es zumindest zwei Konsequenzen, den Gott des Schreckens oder der Liebe in einen schönen Gott zu verwandeln. Zuerst, den Schöpfergott zur einzigen Quelle aller Schönheit zu machen: Von nun an wird den Schönheiten der Welt ein Ursprung in der göttlichen Intelligenz zugewiesen, sie sind Werk Gottes selbst und seiner würdig; und zweitens, die Transzendenz der Schönheit noch zu überbieten, da diese logischerweise an der herausragenden Stellung des einzigen Gottes teilhat. Auch wird die Transzendenz des Geistigen, anstatt dass sie vage und flüchtig bliebe, „unendlich" aber auch „ziellos" ausströmend wie in der chinesischen Malerei und Philosophie, hier nun faktisch – über den Weg der Schönheit – auf Gott als ihren einzigen möglichen „Gegenstand" übertragen. Zugleich jedoch ringt die Schönheit, da sie mit Gott selbst identifiziert und folglich als absoluter Inbegriff der Sehnsucht nach Gott ausgegeben wird – anstatt lediglich, wie bei Platon oder sogar noch bei Plotin, ein göttliches Attribut und als solches dem Guten untergeordnet zu sein – dem Schönen seine Autonomie ab. Was wiederum zur Folge hat, dass die Schönheiten der Welt, und in erster Linie jene des menschlichen Körpers, in welchem sein Sohn Fleisch geworden ist, als „Zeugnisse" Gottes gefeiert werden, die ihn offenbaren, statt ihn bloß widerzuspiegeln: die Aktdarstellung (Christi) erobert die Kirchen – eine Entscheidung des Konzils; und dass das Zeitenende nur als eine „apokalyptische" Vision der Schönheit vorgestellt werden kann, in der der Widerspruch zwischen dem Sichtbaren und dem Unsichtbaren – der das Schöne entzweireißt und zu seiner Grenze führt – endlich aufgehoben wird: Gott lässt sich in seiner Parusie endlich ganz und gar „erblicken", der Sohn und der Vater werden einander gleich, allerdings in „unsichtbarer" Weise – *invisibiliter videri*.

Gewiss, es ist augenscheinlich, dass die (ab dem 18. Jahrhundert) aufkommende Ästhetik, die ja den Bruch unserer Moderne einleitet, sich offen von jener platonisch-plotinischen Ontologie des Schönen lossagt, der zufolge das Schöne für sich selbst existiert, und sogar als Einziges seit aller Ewigkeit „da ist", noch bevor es vom Künstler eingefangen wird, der versucht, seine Form der widerspenstigen

Materie aufzuzwingen: Sie ersetzt sie durch den gestalterischen Blickpunkt der Produktion, wobei jedes schöpferische Genie sich seine Idee eines Maximums der Schönheit selbst bilden muss; so wie sie auch mit der christlichen Eschatologie bricht, der zufolge die Menschheit ihr letztes Ziel nur in der Kontemplation der Schönheit Gottes von Angesicht zu Angesicht erreichen kann: das Schöne wird nunmehr nur noch vom „Geschmack“ ausgehend betrachtet, wobei es nur auf den tatsächlich empfundenen Genuss und die subjektiven Bedingungen der Rezeption verweist. Verzichtet sie indes auf jede Idee eines Schönen, das außerhalb der Welt ist und dem seine Distanz eine Art Heiligkeit verleiht? Wir sollten schließlich nicht vergessen, dass das „Ideal“ in Europa gerade in diesem Kontext auftaucht, und zuerst auch gerade in Bezug auf die Kunst (so etwa in Diderots *Salons*): Handelt es sich bei diesem „Ideal des Schönen“ nicht möglicherweise um einen kräftigen neuen Trieb und ein argloses Weitertragen dessen, was man doch endgültig abgeschnitten zu haben glaubte? Denn „Ideal“ verweist stets auf jenen (platonischen) Status der Idee, nach der man auf der Suche ist, die sich aber nicht besitzen lässt.

Man kann also dem Kult des Schönen und dem, was er vom „Reich der Zwecke“ mit sich führt, nicht so leicht entkommen. Ist das Schöne in Wirklichkeit überhaupt von ihm zu trennen? Denn welche Notwendigkeit hätte andernfalls für Kant bestanden, das Kapitel über das „Ideal der Schönheit“ hinzuzufügen, wenn nicht jene, das höchste Modell des Schönen nicht einzig von der Idee als Norm der Einbildung abzuleiten, die das optimale Mittelmaß als Regel und Bedingung des Schönen beistellt, sondern auch von der Vernunftidee, die sich für ihren Teil auf die „letzten Ziele“ der Menschheit beruft – immer ist die Teleologie im Spiel – und von der keine sinnlich wahrnehmbare Vorstellung erhofft werden kann?[112] Bei Hegel wiederum, der damit eine bescheidene Version des Romantizismus übernimmt, ist das „ideale Schöne“ (das sich aus der natürlichen Ordnung lösen und ebenso von jeder Zufälligkeit und Äußerlichkeit läutern muss, wie sie der gewöhnlichen Existenz eigen sind, um nur beizubehalten, was seinem geistigen Inhalt adäquat ist) dazu berufen, zum „schattenhaften und stillen Land der Schönheit“ (Schiller) Zugang zu erhalten, indem es sich aus diesem begrenzten

Leben befreit – nach wie vor wirkt die Bestimmung;[113] in ihm, im Schönen, beginnt die erwartete große Versöhnung Wirklichkeit zu werden, auch wenn es noch auf allzu unmittelbare Weise geschieht.

Die Frage kommt im Übrigen noch einmal auf uns zurück, schräg, in einem anderen Licht: Hat nicht gerade dieser Idealismus des Schönen die Chinesen erstaunt, als sie am Ende des 19. Jahrhunderts begonnen haben, die europäische Philosophie zu entdecken? Tatsächlich müssen sie nun in ein zweites Übersetzungszeitalter eintreten, nach jenem, welches durch das Zusammentreffen mit dem aus Indien – ihrem ersten „Abendland" (wir Europäer sind ganz zurecht ihr „Ferner Westen", *yuanxi*) – eingeführten Buddhismus gut fünfzehn Jahrhunderte zuvor ausgelöst worden ist; und sie unternehmen, überwältigt vom abendländischen Wissen, einen umfangreichen Vergleich mit den „Stärken" und „Schwächen" ihrer eigenen Sprache und ihrer Kultur. Sie, die sich traditionell so wenig darum gekümmert haben, die anderen zu entdecken, beginnen ausgehend von diesem Draußen, das sie plötzlich anspringt, über sich selbst nachzudenken. Gegenüber den Europäern, die sowohl die „Verallgemeinerung" des Begrifflichen wie die „Spezifikation" der Analyse entwickelt haben, könnte man die Chinesen, wie sie selbst feststellen, durch ihre Vorliebe für das „Konkrete", die „Praxis", das „Gemeinsame" und das „Gewöhnliche" charakterisieren.[114] Die Europäer haben, so wird ihnen klar, die Autonomie der Kunst entwickelt, während sie selbst an einer utilitaristischen und gesellschaftlichen Konzeption von Kultur festgehalten haben, wodurch sich erklärt, dass Zahlreiche von ihnen nun eine „Unterentwicklung der chinesischen Philosophie und Kunst" empfinden. Auch beginnen sie, bei der Lektüre Kants, in ihrer Sprache Äquivalente für die großen europäischen Kategorien zu schmieden: die „Kunst" (*meishu*), den „Gegenstand" (*duixiang*), die „Form" (*xingshi*), das „Urteil" (*panduan*), das „an sich Schöne" (*mei zhi zi shen*); und sogar die Unterscheidung zwischen dem „Schönen" (als „herausragend schön" wiedergegeben, *you mei*) und dem „Sublimen" (*hong zhuang*); oder die Vorstellung eines „Genusses" (*ke ai wan*), der allerdings „nicht mit einem vom Ich empfundenen Gewinn oder Schaden verbunden ist" (so wird „desinteressiert" wiedergegeben) und „sich in der Kontemplation der Form des Objekts vertieft", und so weiter

Kehren wir zum Eigentlichen zurück – welchen Begriff konnten die Chinesen nun der Auffassung des „Schönen" entgegensetzen, die sie in Europa entdeckten? Man wird erst einmal eher überrascht sein: Einer der ersten Importeure des europäischen Denkens in China und ein großer Kant-Leser, Wang Guowei (1877–1927), schlägt jenen der „altertümlichen Eleganz" (*gu ya* 古雅) vor. Eine umso erstaunlichere Parallele, als der jeweilige Geltungsbereich der beiden Begriffe sich nicht deckt, wie er selbst zuerst anmerkt: Das Schöne bezieht sich zugleich auf die Natur und die Kunst, die „altertümliche Eleganz" gehört nur in die Zuständigkeit der Ästhetik. Nichtsdestoweniger treffen sich die beiden im Begriff der „Form", an den das Schöne gebunden ist, und die „altertümliche Eleganz" ließe sogar als jene „zweite Form" auffassen, welche „die Form des Schönen manifestiert" (zweifellos ein Versuch, den Begriff der „Vorstellung" zu umgehen, der hier das wichtigste Unübersetzbare bleibt). Doch warum etwas heraussuchen, was nur ein Begriff unter so vielen anderen im alten chinesischen Fundus ist, was niemals definiert wurde und sich lediglich auf kulturelle Vornehmheit und eine aus der Vergangenheit herrührende Raffinesse beruft, um es zur Entsprechung des Schönen zu erheben?

Angesichts der Fakten ist festzustellen, sagt uns der zu abendländischen Studien übergewechselte chinesische Gelehrte, „dass es Werke gibt, die man nicht als absolut schön betrachten kann", die deswegen aber nicht „utilitär" sind und die nicht notwendigerweise „Genies" als Urheber haben.[115]... Davon ausgehend werden die großen Oppositionen herausgearbeitet (mit der von der Kant ausgeliehenen Axt): Während die Urteile bezüglich des Schönen und des Sublimen „*a priori*, universell und notwendig" sind, offenbart sich das Urteil, das sich auf die „altertümliche Eleganz" bezieht und je nach Epoche variiert, im Gegensatz dazu als „*a posteriori*, empirisch, partikulär und zufällig"; da sie folglich unter dem Schönen steht, ist diese „altertümliche Eleganz" für jene angemessen, denen das Schöne und das Sublime unzugänglich bleiben und die, in Ermangelung von „Genie", über „Fleiß" verfügen. Dennoch, so schließt dieser Denker, ist sie kein bloßer Notbehelf, sondern besitzt einen ihr eigentümlichen Vorzug, nämlich eben jenen, näher an der „gemeinen Erfahrung" zu bleiben. Eine zweischneidige, jedoch symptomatische Art, eine Barrikade gegen den großen, plötzlich anbrandenden – und allzu schwerwiegenden? – Mythos des Schönen zu errichten, während man ihn gleichzeitig entlehnt, unter dem Deckmantel der traditionellen und prosaischeren Figur des chinesischen Gelehrten.

Denn was bedeutet hier „gemein"? Gewiss, zunächst das, was „die Erziehung einer möglichst großen Zahl" betreffen kann, insofern es sich durch „Persönlichkeitsbildung" (*xiuyang*) erwerben lässt; doch, so denke ich, hat es für den chinesischen Gelehrten auch die folgende Bedeutung: das, was sich keine andere Berufung als die menschliche Kultur zuschreibt, sich keinen messianisch-dramatisch Sonderstatus anmaßt, wie es des Schöne tut, was sich nicht auf eine metaphysische Funktion beruft (die große Vermittlung), keine Absolutheit für sich reklamiert... Denn selbst wenn dieser Sachverhalt in Europa nie analysiert wurde und er sich vielmehr im Zusammentreffen mit anderen Kulturen (und angesichts ihrer Zurückhaltung) offenbart, ist es kaum möglich sich darüber zu täuschen, dass es eine Dramaturgie des Schönen gibt, die es – seit den Griechen – mit der Erlösung in Verbindung bringt. Diese kippt nun sehr leicht in den *pathos* über. Das Schöne stellt sich dem Bösen entgegen und bildet mit ihm ein Paar von Alternativen innerhalb eines billigen Manichäismus, der sich allerdings, wie man nicht ohne Erstaunen feststellt, noch immer nicht erschöpft hat. Francois Cheng: „Das Böse und die Schönheit bilden die zwei äußersten Punkte des lebendigen Universums[116]"; sie sind, zueinander antipodisch gestellt, die zwei „Mysterien" der Welt, die zwei großen „Herausforderungen", denen sich der Mensch stellen muss, und so weiter, und so weiter. – Gemeinplätze und gut gemeinte Rhetorik, in denen das Schöne ertrunken ist.

Denn die Vorstellung, dass (nach der allenthalben wiederholten Formulierung Dostoevskijs) nur das Schöne „die Welt retten" könne, dass gerade es ihre ersehnte Erlösung sei, rechtfertigt Kult und Opfer, doch speist sie auch aufs Beste die Klischeemaschine: Das Schöne spielt die Rolle des großen Kompensators für die „Leiden der Menschheit", wie es das in früheren Zeiten das Religiöse getan hat; es dient als Ersatz des Politischen, indem es den Weg zur Freiheit beiseite und auf ein Jenseits schiebt. In dieser Weise an das Schöne zu appellieren, ist nicht neutral. So Schiller (durchaus banal): Wie groß auch die „Korruption der politischen Ordnung" ist, ist „die schöne Kunst" das Werkzeug, das, „frei von positiven Zwängen", als einziges zur erhofften großen Versöhnung führt; daher muss der Künstler, der sich dem Schönen weiht, „für seine Zeitgenossen als Fremder wirken"[117]. Gestehen wir es uns indes ein: Hat und diese idealistische Flucht über den Weg des Schönen nicht alle an dem einen oder anderen Tag in Versuchung gebracht? Nun ist nicht nur die Isolation des Schönen eine Grundlage des Schönen, das Schöne unterhält außerdem eine Gefälligkeitsbeziehung mit den Platituden des schäbigsten Humanismus, die aufzukündigen es nicht in der Lage ist. Es ist ideologisch kompromittiert, während zugleich die Kunst – praktisch – darin verfangen ist und mit ihm auf ihren Anspruch verzichten würde. Ein solches Maß an Mystifikation und Machtlosigkeit – an Großsprecherei – hinter uns zu lassen wird im Übrigen das Unterpfand sein, das wir unserer Moderne zu geben haben.

XXIII. Das Schöne hinter sich lassen?

Die Hegemonie des Schönen hinter sich zu lassen erfordert indes nichts weniger als eine regelrechte Kritik der klassischen Vernunft, von welcher das Schöne in mehrfacher Weise abhängig ist, wobei diese Abhängigkeiten miteinander in Verbindung stehen. Diese drei Aspekte bilden auf jenem Tripod, auf dem das Schöne aufgestellt ist – dem „Sockel" des Schönen, wie ich ihn genannt habe – ein Dreieck: Zuerst eine Kritik der *Vorstellung*, wie sie schon mit Hegel ihren Anfang genommen hat, als er ihr zur Last legte, am Erfassen der unendlichen Bestimmung zu scheitern – man könnte sie auch ausgehend davon verfolgen, was uns ihr Nichtvorhandensein und folglich auch ihre Nicht-Notwendigkeit im chinesischen Denken lehren: Die Vorstellung ist nicht bloß wegen ihres in allzu günstiger Weise abstrakten, isolierenden und ersetzenden Charakters der Künstlichkeit verdächtig; genauso sind der (Sicherheits-)Abstand und die Kontrolle anzuprangern, welche sie dem gegenüber aufrechthalten zu können vermeint, was sich bei seinem Auftauchen nicht so bequem in diese Präsenz eines einfachen „Vor-Gestellt-Seins" einordnen lässt (diesem allzu bestimmten „vor" der Vorstellung wird schon bei Kant und Hegel die unmittelbarere und weniger beschränkte *Darstellung* des „da" – „da" wie in *Dasein* – vorgezogen). Anders gesagt eine Möglichkeit, um vor die Spaltung zurückzugehen, die die Erkenntnis für ihre eigenen Zwecke zwischen dem „Subjekt" und dem „Objekt" bewirkt und mit der die Herrschaft der Vorstellung in Zusammenhang steht. – Ein Bruch auch mit dem *Urteil*, das ja die weitgehend illusorische Figur eines souveränen, sich selbst vollständig und augenblicklich gegenwärtigen Subjekts erfordert. Mit den Worten eines befreundeten Malers (bevor er mir seine Gemälde zeigte), die gleichermaßen für die chinesische

Malerei gelten könnten: „Einwirken lassen!" Auf diese Art warnte er mich gleich, dass es keinen großen Sinn haben würde zu urteilen, dass „das schön ist" (oder nicht) – es beginnt ein Prozess zwischen mir und dem Werk (tue ich übrigens tatsächlich nichts weiter als es zu „betrachten"?), dessen Effekt von längerer Dauer ist, der irgendwo ohne mein Wissen geschieht und dessen Ergebnis mir möglicherweise sogar entgeht. – Schließlich die Verweigerung des *Wohlgefallens*: Einer allzu billigen Wertschätzung durch den Geschmack, die sich im „Genuss" begründet, will man die Tugenden eines *Experimentierens* vorziehen, das sich nicht mehr als einfacher Umstand verkleidet, sondern zum erklärten Ziel des Werks wird. Wenn denn das Wohlgefallen fehlt, dann nicht mehr so sehr, weil es eine Nachhinken des Publikums hinter der Innovation des Künstlers gäbe (Stendahls „In fünfzig Jahren!"), sondern weil man sich nun über diese bis zur Entfremdung gehende Verbindlichkeit hinwegsetzt, welche die der Kunst zukommende kritische Aufgabe verdeckt hat – ein Gemeinplatz, der schon wieder in Richtung Konformismus geht. Die moderne Kunst schafft sich mit dieser erklärten Verweigerung jedes Entgegenkommens nichtsdestotrotz ein Problem, denn wie weit kann sie darauf verzichten, Wohlgefallen zu erzeugen? Beziehungsweise, auf welches andere „Wohlgefallen" könnte die Kunst noch abzielen, komplex und sogar widersprüchlich, wenn man sich darauf geeinigt hat, dass es nicht mehr der „Genuss" angesichts des Schönen ist?

Gehen wir noch einen Schritt weiter in diesen Bedingungen des Schönen zurück. Der Verzicht auf das Schöne berührt, vom Gesichtspunkt der Produktion, die Basis auf der das Schöne ruht und so lange Zeit gethront hat: die *Form*. Denn kann etwas „Schönes" ohne die „Form" existieren? Oder bedeutet das Vernachlässigen der elaborierten Form nicht zugleich auch ein Aufgeben des Schönen? Zumindest wenn man jene nicht mehr bloß als *Gestalt* versteht, sondern auch, essentieller Weise, im kantischen Sinn als eine Vereinheitlichung des Vielfältigen durch die Einbildung, die zu diesem Zweck mit dem Verstand übereinkommt: eine folglich allzu finalistische Übereinkunft. Von nun an ersetzt der *Prozess* dieses Formal-Zweckmäßige. Konsequenzen: Das Schöne, aus der Kunst zurückgedrängt, findet sich heute im Design wieder, das zugleich ohne Komplexe auf das Wohlgefallen abzielt, sogar auf das interessierte Wohlgefallen (die Existenz selbst des Objekts ist mir nicht länger gleichgültig, da ich mit ihm lebe, es zu meinem Dekorations- und Gebrauchsgegenstand mache), und offen die Form ehrt; und auch die Kunst, endlich aus ihrer Paarung mit dem Schönen gelöst – das Ende der „schönen Kunst" – bleibt nun als einzig pertinenter Begriff übrig und schließt sich nach außen hin als jenes Feld ab, in dem neuerlich alles möglich ist. Ich kultiviere nicht mehr das Schöne, sondern ich bin „Künstler". Die Kunst ist heute nicht mehr realistisch, sondern nominalistisch in jenem Sinn, dass sie nun nur mehr gemäß der Auffassung existiert, die sie als solche anerkennt (Duchamp vernichtet mit seinem Bidet das Schöne, bestätigt aber diesen *nominalen* Charakter der Kunst). Darüber hinaus wird, insofern der Prozess die Form aussticht, die Betonung nicht mehr auf das fertiggestellte Werk gelegt sondern auf die *Arbeit* daran. Die Form ist das Abgeschlossene, das Eingeebnete, das Tote, und deshalb verurteilt sie sich durch sich selbst. Auch bedeutet das Zurückgehen vor die Form nicht so sehr eine Aufwertung der Skizze wie die Behauptung, dass das Ausschlaggebende, das als solches sogar sich selbst genügt, die Baustelle ist: dieses (nicht zu überschreitende) Stadium, wo nicht integrierte Spannungen fortbestehen, wo Inkohärenzen sich offen zeigen, wo das Schöne noch nicht den Schaden angerichtet hat, die Turbulenz des Lebens unter der Harmonie zu begraben.

Aus historischer und gedanklicher Sicht haben zumindest drei Zeitabschnitte und drei Begriffe dieses Zerschmettern und Hinter-sich-lassen des Schönen mit ihrem Akzent versehen. Eine von Jubel begleitete und obendrein befreiende Tötung im Übrigen (wie jedes Mal, wenn man eine für unberührbar gehaltene Obrigkeit entthront), deren Ausführung allerdings auch notwendig ist, damit sich der Bruch, der unsere Moderne ausmacht, selbst legitimieren kann. Als Erstes wird das Schöne zweigespalten und das *Erhabene* von ihm abgetrennt (im 18. Jahrhundert). Dabei gibt es nun allerdings nicht bloß eine Einschränkung der Geltungsbereiche und ein Konkurrenzverhältnis zwischen den beiden. Das Erhabene, das über die Grenzen des Schönen hinausgeht, macht nämlich offen kenntlich, dass es nicht mehr auf dem vorgelegten Objekt beruht, welches nur noch Trägersubstanz und Gelegenheit ist; dass sich vielmehr in Zukunft alles, was mit ihm zu tun hat, einzig in der Reaktion und der Bewusstwerdung des Subjekts abspielt. Dass folglich das Erhabene, anstatt zur Form zu gehören, vielmehr vom Ungeformten seinen Ausgang nimmt; oder weiter, in den Begriffen Kants, dass es, anstatt die Idee einer Zweckmäßigkeit der Natur zu transportieren, vielmehr jene eines Chaos in der Natur hervorruft; dass es, anstatt einen harmonischen Zustand (zwischen der Einbildung und dem Verstand) zu erzeugen, vielmehr ein gewaltsames Aufeinanderprallen der Fähigkeiten (Einbildung und Vernunft) provoziert; dass folglich auch die Befriedigung, die es verschafft, negativ ist und, wie wir wissen, zugleich aus Schmerz und Genuss, aus Hemmung und Erguss, aus Abstoßung und Anziehung besteht. Als Nächstes kommt das *Hässliche* (das von der Romantik heiliggesprochen wurde). Man entdeckt, dass das Rohe, aber auch das Missgestaltete und die Dissonanz nicht nur notwendig sind, um das Schöne hervorzuheben oder sogar in eine dialektische Beziehung mit ihm zu treten; sondern dass dieses Hässliche zurecht die Spannung über das Gleichgewicht obsiegen lässt, die Dynamik über die Harmonie, den Zusammenprall, die Gewalt und den Widerstand über die Versöhnung. Kurz, allein das Hässliche ist der Gefälligkeit und der Glättung unverdächtig. Es kann sich rühmen, als Einziges der Reglementierung und Unterwerfung zu entgehen, und fordert diese sogar heraus: das Hässliche lässt, wenn es bewusst gewählt wird, die etablierten Kriterien zerbersten. Seine Eigenschaft als Rebell verleiht ihm Authentizität; sie macht es zu einer Sprungfeder, der gegenüber das Schöne nur mehr reaktiv und resultativ wirkt. Nicht nur erwacht das Schöne dadurch aus seiner Schläfrigkeit, durch diese Umkehrung der Werte erscheint es vielmehr selbst nur noch als zweites Negativ, als Abzug dieses großen, produktiveren Negativs, in dessen Schatten es so unbedarft gediehen ist.

Das Hässliche steht schon durch seine Zurückweisung des Konformen und Gezähmten, durch die obskuren Kräfte, die es in roher Form zum Vorschein kommen lässt, mit der Vergeistigung in Beziehung. Sein Dämonismus ist Dynamik; aus ihm quillt das *Geistige* hervor, das schließlich aus seiner Verschwommenheit heraustritt, indem es sich am Schönen misst (ob schon für Hegel oder für Kandinsky). Das Geistige lässt sich nämlich durch das Schöne viel besser herausheben als durch seine üblichen oder vielmehr ständigen Gegenspieler, das Irdische und das Materielle, welche es ihrerseits dem Verdacht des Idealismus aussetzen. Das Schöne offenbart es durch Unvereinbarkeit: Ein Akt ist schön, kann nur schön sein; er wird niemals „geistig“ sein (im Abhängigkeit von den vorangegangenen Argumenten: die Form, das Extrem der Sichtbarkeit, das „Alles ist da“ der Präsenz, und so weiter). Damit etwas Geistiges ausgedrückt wird, muss der Körper bekleidet sein, das heißt, eine Rückzugsmöglichkeit angelegt, ein Stück Intimität gewahrt sein, ein Rest muss versteckt bleiben und dieser muss Intentionalität verströmen. Der Akt ist anti-geistig, denn das Geistige erfordert den Triumph des Unendlichen über das Endliche, ein Hinausschreiten über die Beschränkung und Festschreibung durch die Form, die Entwicklung eines Weges über den Moment der Bestürzung und des Genusses, und so weiter. Der Test ist einfach: Es genügt, die Form, von der das Schöne abhängt, nur ein klein wenig zu verformen, sie beispielsweise in die Länge zu ziehen, um zum Geistigen zu gelangen (von El Greco zu Cézanne oder Giacometti). China seinerseits, und in diesem Punkt werden sich zweifellos die beiden Traditionen einig oder geben sich zumindest ein Zeichen, hatte umso mehr an der Entfaltung des Geistigen teil, als es sich überhaupt nie mit dem Schönen aufgehalten hat.

Bei dieser Tötung des Schönen ist es die Kunst, die triumphiert und sich behauptet – was schon bei Hegel ersichtlich wurde, dem „idealen Schönen“ zum Trotz: Aus der Vormundschaft des Ideals befreit, ohne dass ihr weiter ein Zweck aufgezwungen wird, kann die Kunst nun versuchen, was sie will, und tatsächlich wird alles möglich. Oder vielleicht verschwindet sie ihrerseits gerade in diesem „Alles ist möglich“, weggeschwemmt mit dem Tod dessen, worüber sie triumphiert hat. Denn es ist klar, dass die Kunst, indem sie ihre Verbindung zum Schönen durchschnitten hat, zugleich auch ihre Kopplung mit der Natur zerbrochen hat. Dics war in hohem Grad beabsichtigt, doch wie soll sie sich von diesem Bruch erholen? Denn wenn auch seit den Griechen das eine in Gegenüberstellung zum anderen begriffen wurde, eine Alternative bildend: das natürliche Werden oder das menschliche Machen (*phusis/techne*), so ist das eine doch stets nach dem Modell des anderen aufgefasst worden: insofern die Kunst bekanntlich „die Natur imitiert“, zugleich aber auch die Natur nach dem Bild des Handwerkers vorgestellt wird (Aristoteles hat diese Theorie entworfen) – sie will, sieht vor, beabsichtigt (noch bei Kant). Da es zum einen wie zum anderen Bereich gehörte, konnte das Schöne eine Brücke zwischen ihnen schlagen. Ihre oberflächliche Rivalität (sollte die Kunst sich auf die „schöne Natur“ beschränken?) beruhte auf einer stillen Übereinkunft, deren beruhigender Effekt sich, wie ich meine, noch immer schwer ermessen lässt; genauso wie der Grad, in dem diese Dissoziation der Kunst von der Natur, die die Erfahrung ihrer Autonomie zum Äußersten treibt, wozu auch die Preisgabe des Schönen hinführt, tatsächlich das menschliche Machen zurückweist, ohne dass man noch ein Geländer hätte, an dem man sich festhalten kann, in einem unerhörten Abenteuer, dessen faszinierender, schwindelerregender Charakter mit nichts zu vergleichen ist als mit der Einsamkeit, der man sich gegenübersieht.

Gegenüber all jenem bietet die chinesische Tradition einen nützlichen Vergleichspunkt, da sie, insofern sie Kunst und Natur einander nicht gegenüberstellt, sich weder von der einen noch von der anderen einen deutlich abgegrenzten Begriff gemacht hat. Gibt es in China überhaupt den Begriff von „Natur“ im engeren Sinn, da dort doch alles die Natur ausdrückt? Der „Himmel“ ist eine Bezeichnung für die Natur, als geregelte Erneuerung der Welt und bodenloser Fundus für den Lauf der Dinge verstanden; doch auch „Himmel und Erde“, die als Paar die große Polarität bilden; genauso aber das spontane Entstehen (*ziran*: „was von selbst so ist“); und ebenso der „Weg“, *dao*, und so weiter. Desgleichen hat sich, obwohl die künstlerischen Praktiken in China so gut gediehen sind, dem gegenüber ein eigentlicher Begriff von Kunst dort kaum entwickelt (*yi* 艺 erscheint bei Fang Xun im 18. Jahrhundert nach wie vor nur sporadisch); auch hier handelt es sich um ein Anleihen, das man am Ende des 19. Jahrhunderts bei den abendländischen Kategorisierungen genommen hat. Was wurde nämlich über den chinesischen Maler gesagt? Dass er „teilhat“ am großen Prozess der „Schöpfung und Transformation“ der Dinge (*can yu zaohua*), was heißt, dass der Prozess des Malens nicht „imitiert“ (das imitiert, was er zu seinem Objekt machen würde), sondern zur selben Ordnung gehört wie das Entstehen der Welt insgesamt. Daher ist, wie wir bereits wissen, das „Bild" zugleich „Phänomen" (jeweils derselbe Ausdruck, *xiang* 象), wobei das interne Spiel der Polaritäten das eine ebenso *lebendig* werden lässt wie das andere, und eine Theorie der Vorstellung findet zwischen ihnen keinen Raum, in dem sie sich entwickeln könnte; es besteht auch keine Notwendigkeit, das „Schöne" zu isolieren und zu betonen, um sie miteinander in Verbindung zu halten.

XXIV. Das Schöne in seiner Fremdartigkeit wiederherstellen

Eine solche Dezentrierung der Perspektive auf dem Weg über China erscheint mir also als hilfreich, nicht um anderswo eine Lösung zu suchen – das *Anderswo* bietet nie eine Lösung, wenn es nicht utopisch ist, sondern weil damit die Auflösung jenes Widerspruchs beginnen kann, der uns heute andernfalls wie ein Schraubstock eingeklemmt hält: Es ist unmöglich, noch an das Schöne zu glauben – den zuletzt abgeschafften Kult, aber man kann genauso wenig auf es verzichten. Denn wenn man sich nur an diese interne Geschichte hält, jene des Schönen, das von der Kunst vertrieben wurde, nachdem es so souverän über sie geherrscht hatte, das aber auch droht, diese mit sich in den Abgrund zu ziehen, dann erscheint die Situation nunmehr als blockiert. Und zwar bereits (selbst noch) unter einem theoretischen Gesichtspunkt: wie Adorno sagt, „ist das Schöne [so wenig] zu definieren wie auf seinen Begriff zu verzichten; eine strikte Antinomie“[118]. Wir sind in dieser Hinsicht immer noch um keinen Schritt weitergekommen als am Ende des *Hippias maior*. Denn, so Adorno außerdem, „würde nicht von Artefakten, wie sehr modifiziert, geurteilt werden, dass sie schön seien, so wäre das Interesse an ihnen unverständlich und blind.“ Welchen Grund hätten wir noch, gäbe es nicht das Schöne, nach einem Hinausheben unserer Existenz über den bloßen Bereich der praktischen Ziele zu streben, die hoffnungslos prosaisch sind? Die Ästhetik selbst wäre „molluskenhaft, historisch-relativistische Beschreibung dessen, was hier und dort in verschiedenen Gesellschaften etwa oder verschiedenen Stilen, mit Schönheit gemeint gewesen sei“.

Adorno sieht dort eine „Antinomie“ – also auf logischer Ebene – weil er das Schöne nach wie vor für eine Kategorie hält, die sich *de iure* von einer Kultur zur anderen wiederfinden landen müsste;

weil er, wie er sagt, an die „fatale Allgemeinheit des Begriffs des Schönen" glaubt. In der Tat, wenn eine solche Allgemeinheit des Schönen von Anfang an auf uns gelastet hat, dann ist sie heute gewiss „fatal". Doch wenn man das Schöne auf sein Wesen als kulturelle Erfindung zurückführte? Was indes nicht bedeutet, es zu relativieren – denn relativieren heißt immer noch, in geringerem Maße, in seiner Abhängigkeit zu bleiben – sondern die einzige Frage zu stellen, die auch hier zur Wurzel des Problems vordringt: jene nach der Bedingung für die Möglichkeit des „Schönen". Tatsächlich, wenn man das Ausmaß der Vorentscheidungen erkennt, die das Schöne in Europa getragen und zu seiner Hegemonie, später zu seinem Fall geführt haben (wobei sich die entstandene Leerstelle im Übrigen weder auffüllen noch kompensieren lässt), hat man dann nicht mehr Griffpunkte, sich von dem freizumachen, was, auf diese Weise zur Spurrille geworden – das „ideale Schöne" –, lediglich das Versäumnis ist, alle seine Implikationen verstanden zu haben? Wenn man das Schöne also endlich in seiner *Fremdartigkeit* wiederherstellte?

Zu lernen, diesen billigen Universalismus hinter uns zu lassen, ohne deswegen in den Relativismus (jenen des Kulturalismus) abzugleiten, welcher, da er nur die Rückseite des Universalismus ist, nichts an seinen Kategorien ändert, sondern uns weiterhin in seinem Schatten und seiner Bequemlichkeit festhält, scheint mir effektiv jene Aufgabe zu sein, die nun auf uns zukommt. Zu begreifen also, dass das Schöne als Kategorie des Denkens nicht selbstverständlich ist: dass es abhängt von dieser Möglichkeit, die vielmehr insbesondere durch *eine* Sprache hervorgebracht wurde (oder eine „Sprachfamilie": von „schön" „das Schöne" abzuleiten); von einer begrifflichen Strukturierung, lokal durch die Philosophie gefördert, die sein Schicksal an die wissenschaftliche Erkundung koppelt; von der Vermittlungs- und Versöhnungsfunktion, die das dualistische Vorurteil und seine dramatische Abtrennung von der Welt notwendig gemacht haben; oder auch von der Sonderstellung, die der determinierenden Form zuerkannt wird, der Beziehung Teile-Ganzes, dem Einheitlichen und dem Unterschiedenen, der Zusammensetzung eher als der Korrelation, und so weiter – allesamt europäische Vorentscheidungen. Das „Schöne" bezeichnet den Punkt des Zusammentreffens und des Widerspruchs zwischen Sein und Schein, zwischen der Transzendenz und dem Unmittelbaren der Sinneswahrnehmung, wodurch es eben zum neuralgischen Fixationspunkt des europäischen Denkens wird. Es ist ein im Netz des Sichtbaren gefangenes Absolutes und spricht unablässig zu uns von der Metaphysik, und das macht seine – einzigartige – rätselhafte und faszinierende Kraft aus. Aber war es nicht „griechisch", das Rätselhafte zu kultivieren? Wenn man demgegenüber feststellt, dass China die Vorstellung von „Bergen und Wasser" besaß, die sich einzig im Spiel ihrer Polaritäten entfalten, oder dass es dort möglich war, die Malerei oder die Literatur anhand eines ganzen Fächers von Qualifikationen zu beurteilen und zu klassifizieren, die sich ebenfalls korrelativ entsprechen, ohne dass ein einzelner sie abdecken oder monopolisieren, ihnen als Schlussstein oder Endzweck dienen (ihr *telos* sein) könnte, dann wird man das Schöne mit einem Mal aus dieser falschen begrifflichen Evidenz befreien, in der es fixiert gewesen ist; die sich schließlich gegen es wendet und uns ein wenig ratlos zurücklässt.

Aus dem Begriff des Schönen ist eine bemerkenswerte Instrumentalität hervorgegangen, während er zugleich seine eigene Aporie konstruiert hat – seit seinen Anfängen auf einer theoretischen Ebene (das undefinierbare Schöne); und zeitgenössisch auch auf einer praktischen Ebene (der Ebene des gequälten „Was tun?" der Kunst): Man kann nicht mehr an ihn glauben, noch kann man auf ihn verzichten. Das „Schöne" ist bequem, gewiss, doch so sehr, dass gerade seine Wirksamkeit uns faul gemacht hat, in jedem Fall nachlässig. Denn ich bin erstaunt, dass man sich nicht eher darum gekümmert hat, eine genealogische Untersuchung dieses Begriffs durchzuführen, so wie es Nietzsche bezüglich des Guten getan hat: nicht über unterschiedliche Kriterien oder Konzeptionen des Schönen, die es bereits anerkennen, sondern darüber, was die Grundlage für die herausragende Stellung, um nicht zu sagen den Wildwuchs, dieses Konzepts gebildet hat. Kurz gesagt wundert es mich, dass ein Biologe (Jean-Pierre Changeux[119]) noch heute exakt dasselbe tun kann wie vor fünfundzwanzig Jahren: konstatieren, dass das Schöne undefinierbar ist, und nachdem er, einmal mehr, seine Tournee durch das Umfeld unserer Begriffe (der *mimesis*, der Wahrnehmung oder der Vorstellung und so weiter) gemacht hat, jene Gehirnaktivierungstests, denen sich die ganz junge „Neuro-Ästhetik“ widmet, unter das alleinige Etikett des „Schönen“ einordnen, so als ob darin eine sichere und nicht anzuzweifelnde Stütze bestünde. So als existierte tatsächlich das „Schöne an sich“. Unerschütterlicher Platonismus…

Nun möchte ich genauso wenig den konzeptuellen Wert des Schönen insgesamt in Frage stellen (es genügt, seine begrenzte Pertinenz und seine Voraussetzungen zu erkennen) wie ich mich mit seiner Entwicklung zu einem platten Etikett abfinden will. Wenn man das Schöne selbst nicht mehr für eine originelle, erfinderische und gewagte Idee hält, dann wird die künftige Welt mit Sicherheit eine langweilige sein. Eine Gefahr, umso größer, weil sie heimtückisch ist, und weil sich diese „Kategorie“ des Schönen paradoxerweise, obwohl nämlich die Kunst sich heutzutage dem Schönen widersetzt, schließlich über den ganzen Planeten ausgebreitet hat – da die Globalisierung der Philosophie bekanntlich vom Abendland ausgegangen ist. Gibt es noch einen Ort auf der Welt, wo man nicht gelernt hätte zu sagen: „das Schöne“? Oder ein prädikatives Urteil aussprechen zu müssen, indem man sagt: „Das ist schön“? Die Ironie der Geschichte besteht darin, dass es der Kategorie des Schönen ausgerechnet im selben Moment, da ihre Implosion begonnen hat, endlich gelungen ist, sich allerorten in derselben Gestalt aufzuzwingen. Ich habe schon eingangs darauf hingewiesen, dass Chinesen oder Japaner sie nunmehr wie die Europäer verwenden, ohne diesbezüglich noch Fragen zu stellen, und freudig ihre „ästhetische“ Erfahrung darin einordnen, wobei der Begriff „Ästhetik“ selbst als das „Studium des Schönen“ übersetzt wird. Nun, wozu führt das? Sie wollen in der Folge – wie nicht anders zu erwarten – unablässig herausstellen, worin die Originalität ihrer eigenen „ästhetischen“ Tradition liegt. Sie zeigen sogar Vorbehalte gegen die Vorstellung, dass ein Ausländer, der nicht in ihrem kulturellen Umfeld aufgewachsen ist und gelebt hat, Zugang zu dieser finden könnte. Ich frage: Sind diese Zweifel hinsichtlich der Möglichkeit, ihre eigenen Konzeptionen in diesem Bereich zu kommunizieren, nicht wiederum eine Konsequenz der Tatsache, dass sie diesen hegemonial gewordenen Begriff – das Schöne – unkritisch, sogar ohne jede Analyse entlehnt haben? Nachdem sie sich in naiver Weise auf ihn eingelassen hatten, begegnen sie ihm nun mit unverhältnismäßigem Widerstand. Auch sondert er sie von ihrer eigenen Vergangenheit ab, anstatt ihnen diese verständlicher zu machen; er fördert nicht den Austausch zwischen Kulturen, sondern verweist vielmehr ihre künstlerische Praxis in den Bereich des Unaussprechlichen und verhindert ihre Mitteilung.

In Europa haben wir dem Schönen so lange Zeit unsere Weihrauchopfer dargebracht, weil für uns – ein Motiv, das uns letztlich eigentümlich ist – nach dem Tod der Götter kein anderer Kult mehr möglich war. Später hat man den Tod des Schönen verkündet. Doch ist die Wirksamkeit eben dieses Aufrufs zur Revolte heute nicht schon verloschen? Was lässt sich mit einem gestürzten, doch unersetzlichen Schönen anfangen? Die Kategorie des Schönen zu zerschmettern, gegen ihre akademische Tyrannei und all das durch sie unfruchtbar Gemachte aufzubegehren, bedeutet nämlich noch nicht, dass man auch die Voraussetzungen hinter sich lässt, welche sie getragen haben. Es ist vielmehr Zeit, die impliziten Annahmen, die dem Schönen sein Vorrecht verschafft haben, an den Tag zu bringen und durchzudenken; ihre Befangenheiten und zugleich ihre Fruchtbarkeit auszuloten; zu ermessen, welche Wege das Schöne geöffnet und welche es versperrt hat. Kurz, darüber nachzusinnen, was für eine abenteuerliche Idee es gewesen ist; und zu diesem Zweck das Schöne als Erstes an seinen *angemessenen Ort* zurückzuführen. Auf die Gefahr hin, andernfalls, da man im Schönen keine intrinsische Notwendigkeit mehr wahrnimmt, ein bloßes Gütezeichen aus ihm zu machen, welches keinen begrifflichen Inhalt mehr besitzt, sondern nunmehr wie Münzgeld – der Nullgrad des Austauschs – überall in der Welt kursiert und den Blick allzu nachlässig werden lässt.

Nun, ein Akt ist „schön", muss schön sein, verlangt, dass man das Schöne denkt, um ihn zu denken; erfordert *Erstaunen* über das Schöne zu seiner Betrachtung. Oder Venedig: Ich kann hier nicht anders als zu sagen „das ist schön", ich wüsste diesem Zwang nicht zu entgehen, es auszusprechen, sofort, und wenn es nur für mich selbst ist, es immerzu zu wiederholen, mit andauerndem Erstaunen. Mit „Bestürzung" darauf zu reagieren und mich gefangen nehmen zu lassen, obwohl man all diese Ansichten zur Genüge kennt und obwohl sie so banal geworden sind. „Schön“ ist als entsprechender Begriff ebenso verpflichtend wie unverzichtbar. Gewiss gibt es Gebäude in Venedig, selbst wenn man den Canal Grande entlangfährt, die für sich genommen abscheulichen Vorortbauten gleichen, schmutzig und gänzlich schmucklos, und durchaus unheilvoll wirken würden, bereits dem Tod preisgegeben. Oder andere, gleich daneben – das Zackenornament ihrer Fassade wäre anderswo lächerlich. Doch tatsächlich „rettet“ Venedig sie, indem es sie in einer Vielheit von Elementen und Lichtern zusammenstellt, die auch aus ihnen, wenn sie sich vor dem Blick erheben, jenes Äußerste des Sichtbaren macht.

Anmerkungen

1 CICERO, *De natura deorum*, II, 98.
2 DIDEROT, *Traité du beau*. Anfangs.
3 AUGUSTINUS, *Briefe* 138, 1, 5; *Confessiones* IV, 15, 24.
4 HEGEL, *Vorlesungen über die Ästhetik*, I, Frankfurt, 205.
5 Ebd., 35–40.
6 Zum Beweis, als ein Beispiel unter vielen in chinesischer Sprache, das Sammelwerk *Zhongguo meixue zhuchao*, ediert von ZHOU Laixiang, Shandong daxue chubanshe, 1992; in japanischer Sprache das Sammelwerk *Nihon shisô*, vol. 5, *Bi*, Tokyo, 1984.
7 François CHENG, *Cinq méditations sur la beauté*, Albin Michel, 2006, 88.
8 So geschieht es namentlich in der dennoch hervorragenden französischen Übersetzung von Nicole VANDIER-NICOLAS, *Le Houa-che de Mi Fou*, Paris, 1964, 29, 32, 49, 61, 76, 119 et al.
9 *Zhongguo hualun leibian*, YU Jianhua (Hg.), Zhonghua shuju, 492.
10 GUO Ruoxu, *Tuhua jianwenzhi*, ebd. 451.
11 In der französischen Übersetzung von Yolaine ESCANDE, *Notes sur ce que j'ai vu et entendu en peinture*, La lettre volée, 1994, 81; oder in der englischen Übersetzung von Susan BUSH und Hsioyen SHIH, *Early Chinese Texts on Painting*, Harvard University Press, 1985, 106.
12 *Le Houa-che de Mi Fou*, 147.
13 Shitao, *Les propos sur la peinture du moine Citrouille amère*, Übersetzung und Kommentar von Pierre RYCKMANS, Paris, Hermann, 1984, 9; cf. die Übersetzung von *jing-ying* „fein (subtil) – blühend (vornehm)“, 33.
14 *Shitao*, hg. von LI Wancai, Jilin meishu chubanshe, 179.
15 Anaxagoras, fr. 12, DIELS-KRANZ, *Die Fragmente der Vorsokratiker*, II, 37.
16 SCHILLER, *Briefe über die ästhetische Erziehung des Menschen*, 18. Brief.
17 Ebd.
18 HEGEL, *Vorlesungen über die Ästhetik*, 28.
19 Ebd., 139.
20 Ebd., 128.
21 ZONG Bing, „Hua shanshui xu“, *Leibian*, 583.
22 Ebd.
23 WANG Wei, „Xu Hua“, *Leibian*, 583.

24 Shitao, Kap. 6, „Yun Wan“; Kap. 13, „Hai tao“; Kap. 18, „Zi ren“.
25 *Vorlesungen über die Ästhetik*, 177.
26 *Shitao*, Kap. 6, „Yun Wan“, Ende.
27 Beispielsweise MI Fu, *Leibian*, 459.
28 Beispielsweise GUO Xi, *Linquan gaozhi, Hualun congkan*, Yu Anlan (Hg.), Zhonghua shuju (abgek. *Congkan*), 22.
29 Beispielsweise MI Fu, *Leibian*, 459 f.; Tang Hou, ebd., 476.
30 MI Fu, *Leibian*, 460.
31 *Leibian*, 84.
32 *Leibian*, 84.
33 JING Hao, „Bifa ji“, *Congkan*, 8.
34 FANG Xun, *Shanjingju hualun*, Beijing, 1962, 114, 150.
35 Ebd., 29.
36 Ebd., 91, 15.
37 *Les propos sur la peinture…*, 117, 126.
38 Francis HUTCHESON, *Inquiry into the Original of our Ideas of Beauty and Virtue*, Abschnitt II.
39 *Linquan gaozhi, Congkan*, I, 20.
40 Ich danke Marie Farge von der Ecole Normale Supérieure für ihre Erklärungen.
41 GUO Xi, *Congkan*, 20.
42 Ebd., 22.
43 Nicole VANDIER-NICOLAS, *Esthétique et peinture de paysage en Chine*, Klincksieck, 1982, 93.
44 GUO Xi, *Leibian*, 23.
45 Ebd.
46 MI Fu, *Hua Shi, Songren hualun*, Changsha, 2000, 130; cf. Vandier-Nicolas, 36.
47 Ebd., 140; cf. Vandier-Nicolas, 49.
48 Shitao, *Les propos sur la peinture…*, 111.
49 *Theaitetos*, 208 d.
50 Ich verweise auf *Si parler va sans dire, Du logos et d'autres ressources*, Paris, 2006, Kap. XI.
51 FANG Xun, 57.
52 *Les propos sur la peinture…*, 100.
53 Zu diesem Konstruktionstyp vgl. die *Gespräche des Konfuzius*, VII, 2, *mo er shi zhi*.
54 *Bifaji, Congkan I*, 7.
55 Ebd., 8.
56 Ebd.
57 MI Fu, *Hua Shi*, 123 f.; cf. Vandier-Nicolas, 24.
58 FANG Xun, 69.
59 Ebd., 17.
60 Ebd., 26.

61 Ebd., 113.
62 *Linquan gaozhi, Congkan*, 19.
63 Ebd., 17.
64 *Traité du beau, Œuvres*, Paris, 1951, 1096.
65 FANG Xun, 121.
66 *Congkan*, I, 108.
67 SIKONG Tu, *Shi Pin*, Gedicht „Han Xu"
68 Ich verweise auf *De l'essence ou du nu*, Paris, 2000; Neuauflage „Points", Seuil, unter dem Titel *Le Nu impossible*, 2005.
69 *Leibian*, 4.
70 *Leibian*, 47.
71 GUO Ruoxu, *Leibian*, 61.
72 *Politeia*, 472 d–e.
73 *Metaphysik, Mu*, Kap. 3.
74 *De genesi contra Manicheos*, I, 21, 32.
75 Brief 33.
76 *De Civitate Dei*, 11, 22.
77 *Vorlesungen über die Ästhetik*, 203.
78 GUO Ruoxu, *Leibian*, 450.
79 *Jiezi yuan, Jardin du grain de moutarde* (Senfkorngarten), „Renwu".
80 SU Dongpo, *Leibian*, 454.
81 *Metaphysik, Gamma*; ich verweise auf *Si parler va sans dire*.
82 *Le Houa-che de Mi Fou*, 62, 67 et al.
83 *Les propos sur la peinture…*, 95.
84 Shitao, Kap. 16.
85 Fang Xun, 30.
86 Nicole VANDIER-NICOLAS, *Esthétique et peinture du paysage en Chine*, 96.
87 GUO Xi, „Hua yi", *Congkan*, 24.
88 Shitao, Kap. 15.
89 GUO Xi, *Congkan*, 19.
90 *Shitao*, Hg. Li Wancai, 205.
91 MI Fu, *Hua shi*, § 158, cf. Vandier-Nicolas, 147.
92 ZONG Bing, „Hua shanshui xu", *Leibian*, 583.
93 Hubert DELAHAYE, *Les premières peintures du paysage en Chine: aspects religieux*, Ecole Française d'Extrême Orient, Paris, 1981, 105.
94 WANG Wei „Xu Hua", *Leibian*, 585.
95 GUO Ruoxu, *Tuhua jianwenzhi*, Vorwort, *Leibian*, p. 52.
96 FANG Xun, 41.
97 Ebd., 97.
98 Ebd., 108.
99 Ich verweise auf *De l'universel, de l'uniforme, du commun et du dialogue entre les cultures*, Paris, 2008, Kap. 10 und 11.
100 *Wenxin diaolong*, Kap. 48, „Zhi yin"; Hg. FAN Wenlang, II, 713.

101 *Linquan gaozhi*, *Leibian*, 17.
102 FANG Xun, 23.
103 *Congkan*, I, 108.
104 *Leibian*, 476.
105 FANG Xun, 21.
106 FANG Xun, 16 f.
107 *Congkan*, 114.
108 FANG Xun, 56.
109 *Shitao*, Kap. 12.
110 ADORNO, *Ästhetische Theorie*, Frankfurt, 1973, 84.
111 *Vorlesungen über die Ästhetik*, 207.
112 *Kritik der Urteilskraft*, § 17, „Vom Ideale der Schönheit".
113 *Vorlesungen über die Ästhetik*, 207.
114 WANG Guowei, „Lun xinxueyu de shuru" („Über die Einführung von Neologismen"), in *Haining Wang Jing'an xiansheng yishu*, Shangwu, 1940, Bd. 14, 97.
115 WANG Guowei, „Guya zhi zai meixueshang zhi weizhi" („Die Stellung der altertümlichen Eleganz in der Ästhetik"), in *Haining Wang Jing'an xiansheng yishu*, Shangwu, 1940, Bd. 15, 22.
116 *Cinq meditations sur la beauté*, 13.
117 *Briefe über die ästhetische Erziehung des Menschen*, Briefe 8 und 9.
118 *Ästhetische Theorie*, 82.
119 Jean-Pierre CHANGEUX, *Du vrai, du beau, du bien*, Paris, 2008.